LAURA ASHLEY · FENSTER

LAURA ASHLEY
FENSTER

ELIZABETH WILHIDE

BUSSE SEEWALD HERFORD

laura ashley

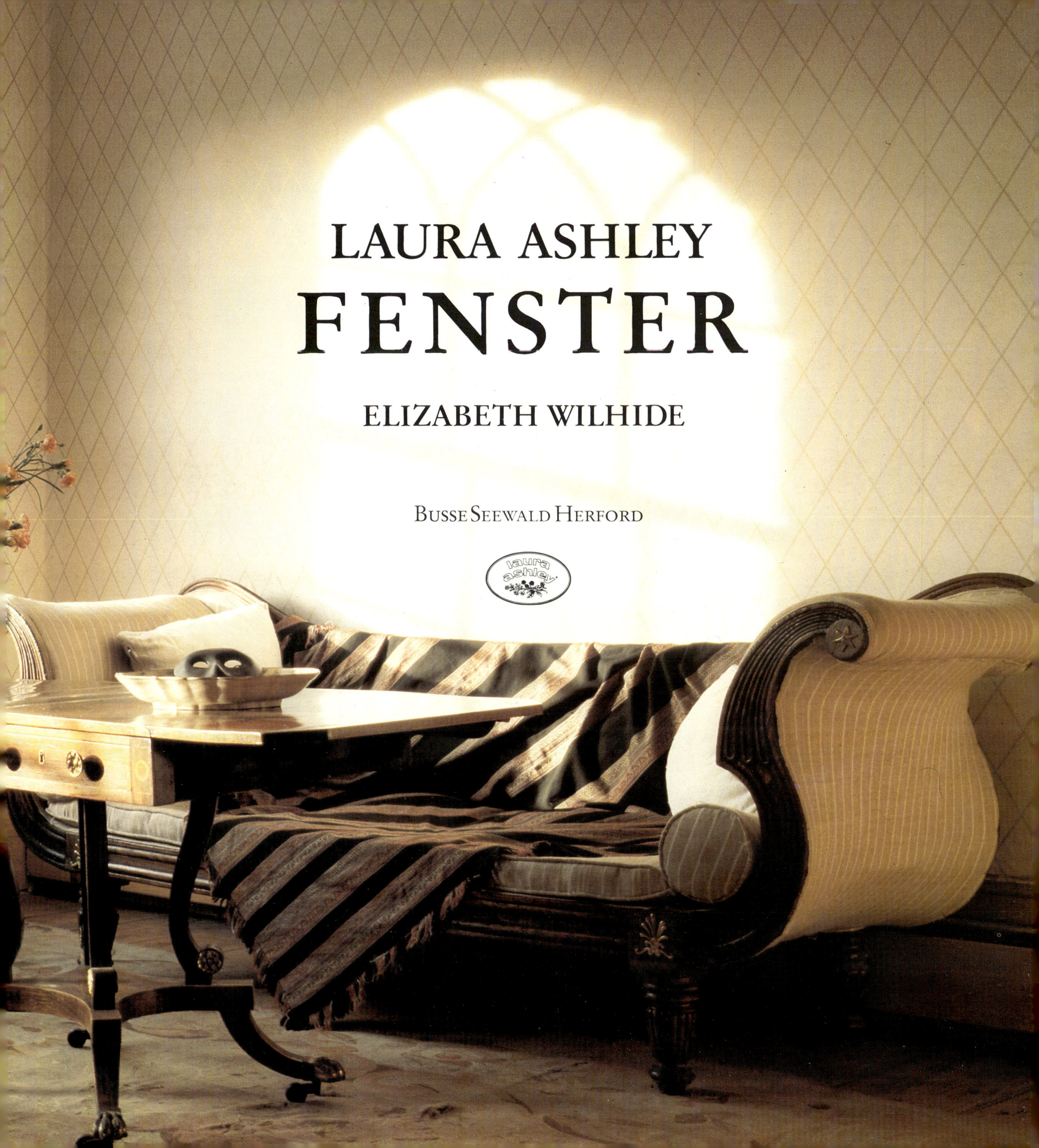

Englische Ausgabe: Laura Ashley · Windows

91 Clapham High Street
London SW47TA
Edited by Joanna Edwards
Picture research by Susan Rose-Smith
Designed by Joy FitzSimmons
Lithos: Newsele Litho Ltd.

Übertragung aus dem Englischen
von Jutta Fanurakis

CIP-Titelaufnahme der Deutschen Bibliothek

Laura Ashley [aus d. Engl. übertr. von
Jutta Fanurakis]. – Herford : Busse Seewald.
Einheitssacht.: Laura Ashley <dt.>
NE: Fanurakis, Jutta [Übers.];
Laura Ashley Limited <London>; EST

Fenster / Elizabeth Wilhide. – 1989
ISBN 3-512-00853-4
NE: Wilhide, Elizabeth [Mitverf.]

Deutsche Ausgabe:

Lektorat: Dieter Erb
Satz: Busse Druck, Herford
Druck und Buchbinderei: LEGO, Vicenza/Italien
ISBN 3-512-00853-4

Umschlagfotos
Front- und Rückseite: Laura Ashley Archive

Inhalt

Zur Geschichte des Fensters

Fenster sind Vermittler zwischen dem Innern des Hauses und der Außenwelt. Sie versorgen die Räume mit Licht und frischer Luft und machen sie bewohnbar; sie ermöglichen den Blick nach draußen und machen die Räume interessant. Sie sind die Grenze zwischen zwei verschiedenen Arten von Raum.

Die Wirkung von Fenstern – und Fensterdekorationen – kann den Charakter der Inneneinrichtung entscheidend beeinflussen, und gleichzeitig sind die Fenster untrennbar mit dem Stil und der Struktur eines Gebäudes verbunden. So gesehen, ist die Geschichte des Fensters die Geschichte der Architektur *en miniature*, denn sie reflektiert den Fortschritt der Technologie und den Stilwandel der Kunst.

Die antike Welt

Die Kulturen der Alten Welt – Mesopotamien, Ägypten, Griechenland und Rom – etablierten sich im Umkreis des Mittelmeeres, das heißt in Gebieten, wo das Klima warm ist und das Licht intensiv. Die frühesten Gebäude waren in ihrer Konstruktion unkompliziert, die Masse der Wand gab dem Haus Festigkeit. Um die Stabilität der Gesamtstruktur nicht zu beeinträchtigen, beschränkte man sich auf kleine Öffnungen. Einfache Öffnungen im Dach und tiefe, schmale Fenstereinschnitte im oberen Teil der Wand reduzierten das starke mediterrane Licht und sorgten für eine angemessene Luftzufuhr, die für Kühle im Innern des Gebäudes sorgte.

Seit sich das Konstruktionsprinzip von Tragen und Lasten – und was die Fenster betrifft, von Fensterlaibung und Fenstersturz – herauskristallisiert hatte, das die Entstehung der großen Tempel der antiken Welt ermöglichte, war man in der Lage, die Fenster größer zu gestalten. Trotzdem hatten so bedeutende und in ihrer Struktur komplizierte Gebäude wie das Pantheon in Rom ziemlich kleine Fenster. Bei Wohnbauten gingen die Fenster auf den Innenhof oder das Atrium in der Mitte des Hauses, während die äußeren Wände meist fensterlos waren. Das galt für die Stadthäuser und die ländlichen Villen der Begüterten – Ausnahmen waren lediglich die »insulae« der römischen Antike, die städtischen Wohnblöcke der Bürger, die große Fenster zur Straße und zu den Innenhöfen hatten.

Die Fenster waren meist bloße Öffnungen. Der Herstellungsprozeß von transparentem Material durch die Erhitzung von Sand, Soda und Kalk ist zwar seit 1500 v. Chr. bekannt, dennoch wurde Glas relativ selten verwendet. Das frühe Glas war nicht klar und daher nur bedingt durchsichtig und konnte auch nicht in großen Abmessungen hergestellt werden. Wenn man die Fenster schließen wollte, um die Privatsphäre abzuschirmen, verwendete man dünne Marmorplatten, die das Licht filterten, Glimmer oder Häute, Gitterwerk aus Stein oder geöltes Papier. Nur in den römischen Thermen gab es Fenster mit Glasscheiben, sie ließen das Licht herein, aber die Wärme nicht hinaus.

Das europäische Mittelalter

Mit dem Vordringen der Kultur ins nördliche Europa und unter dem Einfluß des Christentums veränderte sich der Sakralbau von Grund auf. Da in Nordeuropa das Sonnenlicht knapp ist, waren hier größere Fensteröffnungen erforderlich. Das Licht in Kirchen und Kathedralen wurde schließlich mit religiösen Vorstellungen verknüpft und als Manifestation des »göttlichen Lichtes« angesehen. Parallel zu diesen praktischen Überlegungen und geistigen Strömungen hatte die Baukunst Fortschritte gemacht; man konnte die Wände mit delikatem, steinernem Maßwerk durchbrechen und in die Öffnungen große Fenster einfügen; sie bestanden aus vielen kleinen, teils farbigen Glasscheiben, die in Bleifassungen eingesetzt waren.

OBEN: *Das wunderbare »Radfenster« von St. Mary in Wiltshire mit seinem dekorativen Maßwerk ist charakteristisch für die mittelalterliche Kirchenarchitektur. Dieses Fenster mit seinen kühnen, geometrischen Mustern und seinen leuchtenden Edelsteinfarben ist ein ungewöhnlich schönes Exemplar.*

LINKS: *Die Great Hall von Penshurst Place in Kent ist eine der größten ihrer Art in ganz England. Sie wurde 1341 im Auftrag des Kaufherrn Sir John Pultney gebaut und ist noch heute in ihrem Originalzustand. Das Licht fällt durch herrliche Maßwerkfenster, wie sie sonst nur im gotischen Kirchenbau üblich sind. Die Fenster bilden einen eindrucksvollen Kontrast zu dem massiven Mauerwerk.*

VORHERGEHENDE SEITEN: *Darstellung einer ländlichen Szene um 1880. Das Flügelfenster mit der einfachen Spitzengardine ist von Blumen umrahmt. Im 19. Jahrhundert war Glas durch den Wegfall von Steuern bereits so billig, daß auch weniger begüterte Haushalte in den Genuß ausreichend beleuchteter Wohnungen kommen konnten.*

Das mittelalterliche Interieur wurde mit hölzernen Fensterläden geschlossen, die im Innern des Raumes angebracht waren. Sie waren nur selten mit einfachen Mustern dekoriert; verschwenderischer Luxus wurde dagegen mit den Wand- und Bettbehängen getrieben, die häufig mit kostbaren Stickereien verziert wurden. Diese Illustration stammt aus der französischen Ausgabe von Aristoteles' »Ethik«, *die 1454 veröffentlicht wurde.*

Während sich die Baukunst von den Rundbögen der Romanik zu den Fensterrosen und den Spitzbögen der Hochgotik entwickelte, löste sich die Solidität der Wandorganisation allmählich auf und wich den in die Höhe strebenden, fließenden Konstruktionen. Farbiges Glas wurde schon in byzantinischen Kirchen sehr effektvoll verwendet, doch ihren Höhepunkt erreichte die Glasmalerei in den gotischen Kathedralen Europas, von denen Chartres (1194–1260) eine der berühmtesten ist. Das vielfarbige Licht, das durch die hundertsechzig, mit Glasmalerei aus dem 13. Jahrhundert gefüllten Fenster fällt, wirft ein edelsteinfarbenes Mosaik auf alle Oberflächen im Innern der Kathedrale. Diese schönen, prachtvollen Fenster stellen die biblische Geschichte in Bildern dar – eine sinnvolle Überlegung in einer Zeit, als die meisten Kirchenbesucher noch Analphabeten waren.

Der Kathedralbau ist ein Höhepunkt der Baukunst, er wurde durch den Reichtum und die Vormachtstellung der Kirche ermöglicht. Daher beschränkten sich derartig kunstvolle Bauten und eine derartig aufwendige Fenstergestaltung ausschließlich auf den Sakralbau; im Wohnbau gab es nichts Vergleichbares. Von den Tagen des Römischen Reiches an bis ins 13. Jahrhundert war der gebräuchlichste englische Wohnbautyp die Halle mit anschließenden Flügeln; sie hatte schmale Fenster, die der Belüftung dienten, aber die Sicherheit nicht gefährden durften.

Im 13. Jahrhundert waren die Fenster bereits größer und lehnten sich in der Form an die Kirchenfenster an – vom romanischen Rundbogenfenster bis zum Spitzbogenfenster und zur Fensterrose der Hochgotik. Sie waren zum Teil mit Querhölzern versehen und wurden mit hölzernen Fensterläden geschlossen. In England wurden die Läden im Innern des Hauses angebracht, während sie in anderen europäischen Ländern – vorwiegend in Skandinavien – außen befestigt wurden und als Schutz gegen extreme Kälte dienten. Glas war kostbar und konnte zudem nur in kleinen Stücken hergestellt werden, die man mit Hilfe von Bleifassungen zu größeren Fensterscheiben zusammensetzte. Derartige Fensterscheiben waren Luxus.

Die Tudorzeit und die elisabethanische Epoche

Die allgemeine Verbesserung der sozialen Bedingungen und die zunehmende Prosperität im 15. Jahrhundert trugen – zusammen mit neuen Methoden der Holzrahmenkonstruktion – zur Veränderung des Wohnbaus bei. Fenster wurden als Teile des Wandaufbaus begriffen, und die Verwendung von Glas beschränkte sich nicht mehr auf wenige Begüterte. Anfangs waren die Fenster noch klein, und dicke Fenstersprossen verminderten den Lichteinfall, aber im frühen 16. Jahrhundert änderte sich der Baustil radikal. Schmiedeeiserne Flügelfenster kamen in Mode, sie wurden mit Scharnieren an einem Stein- oder Eichenrahmen befestigt. Die Glasscheiben bestanden aus kleinen Glasplättchen, die in Bleifassungen mit Gitter-, Rauten- oder einfachen Rechteckmustern eingesetzt wurden.

Das Bedürfnis nach mehr Licht führte zur Entwicklung des für die Bauweise des 15. Jahrhunderts so charakteristischen Erkerfensters. Es bestand zwar noch immer aus vielen kleinen Glasscheiben, aber das Fenster als Ganzes war groß. Während die Häuser der frühen Tudorzeit noch um einen Innenhof herum gebaut wurden und ihre Fensterfront nach innen gerichtet war, wurden in elisabethanischer Zeit Häuser wie Longleat in Wiltshire und Gayhurst in Buckinghamshire mit vorkragenden Erkerfenstern gebaut, die an der Außenfront angebracht waren.

Statt mit gotischen Spitzbögen schlossen die Fenster nun gerade oder mit flachen Rundbögen ab; durch diese Formen sollte mehr Licht in die Räume dringen. Da das Glas noch immer nicht vollkommen durchsichtig war, wurden die tiefen Fenster-

OBEN: *Der sich aus der Wand vorwölbende Erker aus dem 15. Jahrhundert, der rundherum verglast war, ist der Vorläufer des späteren Erkerfensters. Erker hatten die Funktion, den Lichteinfall zu maximieren.*

LINKS: *Bis ins 17. Jahrhundert hinein und teils noch später hatten Fenster noch keine Vorhänge; Licht war kostbar und sollte nicht abgedunkelt werden – vor allem in Nordeuropa. In diesem reizenden Interieur, das der holländische Genremaler Adriaen van Ostade schuf, fällt gedämpftes Licht durch die unregelmäßigen kleinen Scheiben des bleiverglasten Fensters.*

Die symmetrische Anordnung rechteckiger Fenster und vorgebauter Erker beherrscht die Vorderfront von Longleat, Wiltshire, ein Landsitz, den Sir John Thynne gegen Ende des 16. Jahrhunderts erbauen ließ. Die riesigen Fenster, deren Gesamtfläche größer ist als die Wandfläche, sind typisch für die majestätischen Fassaden elisabethanischer Profanarchitektur.

laibungen abgeschrägt, um den Lichteinfall zu maximieren. Die Erkerfenster wurden so groß wie möglich konstruiert und die Fenster mit Querhölzern stabilisiert.

Von der Renaissance bis zum Klassizismus

Die Renaissance leitete gewaltige und bedeutende kulturelle Veränderungen ein. Sie nahm im 15. Jahrhundert in Italien ihren Anfang und breitete sich im Laufe von mehreren Jahrhunderten über ganz Europa aus. Die Auswirkungen der Renaissance machten sich in allen Künsten bemerkbar, am stärksten jedoch in der Architektur. Unter ihrem Einfluß entstanden Bauten, die an Eleganz und Harmonie der Proportionen bis heute nicht übertroffen wurden. In Italien waren die frühen, von der Renaissance inspirierten Bauwerke des 15. und 16. Jahrhunderts den strengen Regeln der klassischen Ordnung, der Symmetrie und der Proportionen unterworfen; im 17. Jahrhundert wurden diese Regeln bereits mit größerer Freiheit gehandhabt.

Die wichtigste Neuerung in der Fenstergestaltung war die Erfindung des Schiebefensters um die Mitte des 17. Jahrhunderts. Es veränderte die Beziehung zwischen Architektur und Licht von Grund auf und verdeutlicht die neuen Auffassungen der Renaissance. Das erste Schiebefenster bestand aus zwei gerahmten Teilen. Nur der untere Rahmen war beweglich, er ließ sich auf Schienen nach oben schieben und wurde seitlich von Sperrhaken in der gewünschten Position gehalten. Die Konstruktion wurde ständig verbessert. Man versah die Rahmen mit Gewichten, die im Innern verborgen waren, und mit einem System von Seilzügen und Rollen, und um 1760 war das Schiebefenster technisch so weit ausgereift, daß beide Fensterhälften auf- und abgleiten konnten und sich in jeder Position im Gleichgewicht befanden.

In England und Nordeuropa setzte sich das Schiebefenster allgemein durch, in

OBEN: *Vorgebaute, eckige Erker waren nicht nur bei großen Häusern anzutreffen, sondern auch bei bescheideneren Unterkünften wie diesem Cottage in Suffolk aus dem 17. Jahrhundert. Die kunstvollen Stuckornamente sind lokale Dekorationselemente, die als »pargetting« bekannt sind.*

OBEN RECHTS: *Die Architekten der georgianischen Epoche ließen sich von der Harmonie klassischer Proportionen leiten; die Fassaden erhielten ihren Rhythmus und ihre Ordnung durch die Anordnung der Fenster. Die rechteckigen Formen der neuen Schiebefenster wiesen feine Unterschiede auf, die die verschiedenen Stockwerke charakterisierten; die größten Fenster waren im Erdgeschoß, mit den Repräsentationsräumen, die kleinsten, fast quadratischen, gehörten zu den Gesindequartieren im obersten Stockwerk. So große Glasscheiben wie in dem Haus links im Bild hat es in georgianischer Zeit nicht gegeben.*

Frankreich wurde es selten verwendet. Bleifassungen kamen allmählich aus der Mode. Flügelfenster hatten sich als unpraktisch erwiesen: Sie ließen sich im allgemeinen nur nach innen öffnen, nahmen zu viel Platz ein, und es war schwierig, sie zu reparieren oder zu putzen. Außerdem vertrug sich die Form ihrer Rahmen nicht mit dem neuen Baustil.

Auch die Qualität des Glases verbesserte sich im Laufe des 17. Jahrhunderts. Ein neuer Herstellungsprozeß ermöglichte die Produktion von Scheiben in einer Länge bis zu 120 cm; um 1701 konnte man bereits quadratische Glasscheiben mit 180 cm Seitenlänge herstellen – das war allerdings sehr teuer. Die Entwicklung lief darauf hinaus, daß die Glasscheiben immer größer wurden und die Fenstersprossen immer feiner, was den Fenstern eine ungewohnte Leichtigkeit und Eleganz verlieh.

Gleichzeitig waren auch die im Innern des Hauses angebrachten, horizontal geteilten und die zweiflügeligen Klappfensterläden aus der Mode gekommen und hatten eleganteren, zusammenfaltbaren Fensterläden Platz gemacht, die – zusammengeklappt – in der Fensternische Platz hatten. Der von innen sichtbare Teil des Fensterladens wurde häufig mit gemaltem Dekor versehen. Es gab Fenster, die nicht in Nischen saßen, sondern nur von einer klassischen Rahmung eingefaßt waren.

Farbloses Spiegelglas, ebenfalls eine Neuerung der Renaissance, wurde eingesetzt, um das Licht zu maximieren. Nach dem Vorbild des Spiegelsaales von Versailles wurden an der schmalen Wand zwischen zwei Fenstern oder auf der gegenüberliegenden Wand Spiegel angebracht, um den Raum zu beleben. Gleichzeitig ergab sich durch die Spiegelung eine symmetrische Anordnung, die den Architekten der Renaissance so sehr am Herzen lag.

In Großbritannien machten sich die Auswirkungen der Renaissance nur ganz allmählich bemerkbar. Die Architekten des 18. Jahrhunderts, die sich von den

OBEN: *Turners Aquarellskizze von 1828,* Artist Painting in a Room with a Large Fanlight, *zeigt ein lichtüberflutetes Interieur mit einem großen Fächerfenster. Solche Fächerfenster waren charakteristisch für jene Zeit, sie wirkten überaus elegant mit ihren feinen Holzsprossen, die – wie die Speichen eines Rades – von der Mitte ausgingen.*

RECHTS: *Im späten 18. und frühen 19. Jahrhundert begeisterte man sich für die ländliche Idylle. In der Architektur drückte sich der Wunsch, der Natur näher zu sein, in den vielen malerischen Ruinen und dekorativen »Cottages« aus, die in den sorgfältig angelegten Landschaftsgärten begüterter Landbesitzer wie Pilze aus dem Boden schossen. Charakteristisch für diese abenteuerliche Architektur waren gotisierende Details und Spitzbogenfenster, wie dieses Cottage in Stourhead aus dem 19. Jahrhundert zeigt.*

Entwürfen von Inigo Jones (1573–1652) inspirieren ließen, machten sich den palladianischen Stil zu eigen, der in Italien zwei Jahrhunderte früher *en vogue* war. Es war dem Earl of Burlington (1694–1753) zu verdanken, daß dieser zurückhaltende Klassizismus dem englischen Geschmack erschlossen wurde. Die Proportionen und die Plazierung der Fenster waren sehr wichtige Elemente des palladianischen Stils. Subtile Variationen im Verhältnis von Höhe und Breite verliehen den Fassaden Charakter und Würde. Die Form des Fensters richtete sich nach dem Stockwerk: Die Fenster im *piano nobile* waren doppelt so hoch wie breit – je höher das Stockwerk, desto mehr näherte sich die Fensterform dem Quadrat.

Außer dem üblichen Schiebefenster gab es in der georgianischen Epoche das venezianische Fenster und das »bow window«. Das venezianische Fenster ist dreiteilig; es besteht aus einem breiten Rundbogenfenster, das von zwei schmalen Fenstern flankiert wird, die bis zum Fußpunkt des Bogens reichen. Es tauchte zuerst in den großen Häusern des 18. Jahrhunderts auf und wurde später sehr populär, obwohl viele Architekten, die sich sonst strikt an palladianische Formen hielten, es als gekünstelt ablehnten. Das »bow window«, eine Variante des Erkerfensters mit bogenförmiger Ausbuchtung, kam gegen Ende des 18. Jahrhunderts in Mode und hielt sich bis in die Zeit des Regency (1810–1830). Die Verfeinerung der Fenstersprossen, die filigranartig wirkenden Fächerfenster und die ornamentalen Fassaden mit ihren Fensterverdachungen trugen dazu bei, daß die Fenstergestaltung in der georgianischen Epoche einen Höhepunkt an Noblesse und Eleganz erreichte.

Als im 18. Jahrhundert die Prosperität des Bürgertums zunahm, legte man Wert auf Bequemlichkeit und Behaglichkeit der Wohnhäuser, hielt sich aber an die klassischen Regeln der Baukunst. Das spekulative Bauen veränderte das Gesicht mancher großen Stadt; Stadthäuser wurden mit Terrassen versehen, die – nach dem Vorbild von Palästen – häufig mit dem Haus eine stilistische Einheit bildeten. Robert Adam (1728–1792) und John Nash (1752–1835) trugen mit ihren Entwürfen sehr zur Verschönerung des Stadtbildes von London bei.

Die Homogenität der georgianischen Architektur ist aber nicht allein den alles durchdringenden klassizistischen Idealen zu verdanken, sondern auch den Nach-

wirkungen des Building Act von 1667, der die Richtlinien für den Hausbau festlegte. Die sogenannten »rate houses« wurden nach Größe und Bauart in Klassen eingestuft, und damit war die Planung für die spätere Expansion vorgegeben.

Ein weiteres wichtiges Gesetz war die Fenstersteuer, die 1697 eingeführt und in bestimmten Zeitabständen erhoben wurde, bis man sie 1851 aufhob. Je größer das Haus, desto mehr Fenster konnte das Gebäude verkraften – und so wurde die Anzahl der Fenster eines Hauses zum Maßstab, an dem man den Status und den Reichtum eines Haushaltes ablesen konnte. Das meiste Geld brachte diese Steuer durch die Popularität der Schiebefenster ein und traf damit die bürgerliche Mittelklasse am härtesten. Einige Hausbesitzer versuchten, durch das Zumauern von Fenstern mit Ziegelsteinen oder Blendfenster die Steuerlast zu mindern.

Gegen Ende des 18. Jahrhunderts hatte fast jedes Haus schmale, hohe Schiebefenster. Durch diese eleganten, großen Fenster konnte das Tageslicht ungehindert ins Innere der Räume dringen. Das Licht, das in mittelalterlichen Kirchen als Symbol des göttlichen Geistes galt, wurde nun mit der kühlen Vernunft der Aufklärung in Verbindung gebracht. Der Industrie war inzwischen die Herstellung von vollkommen durchsichtigem Glas gelungen. Daher wurden häufig dicht vor den Fenstern Sitzplätze geschaffen, so daß man – direkt vor dem Fenster sitzend – die Aussicht unmittelbar genießen konnte. Auch die Landschaft hatte sich verändert: »Pittoreske« Naturparks und -gärten boten romantische Ausblicke, die mit den strengen, symmetrischen und disziplinierten Linien der Architektur kontrastierten.

Die Neo-Stile des 19. Jahrhunderts

Gegen Ende des 18. Jahrhunderts hatten die klassischen Geschmacksrichtungen ihre Anziehungskraft verloren – sie waren in die allgemeine Begeisterung für »antiquarische« Stile und Exotisches eingegangen. Das Reisen war leichter geworden, und von der obligatorischen Grand Tour, der Bildungsreise in den Süden, brachte man häufig eine Vorliebe für fremde Stilarten mit nach Hause. Abgesehen von der Wiederbelebung klassischer griechischer Formelemente, die die Grundlage des Empirestils bildeten, der sich in ganz Europa ausbreitete, machte man Anleihen bei der gotischen Architektur, im alten Ägypten und sogar in China und Indien.

Auch die Gestaltung der Fenster spiegelte den ungeheuren Reichtum an fremden Ideen wider. Die Neo-Gotik bewirkte die Wiederbelebung der Glasmalerei, und Paneele aus farbigem Glas blieben das ganze 19. Jahrhundert über in Mode. Wohnzimmer wurden neuerdings häufig im Erdgeschoß eingerichtet, wodurch die Verbindung mit der umgebenden Landschaft betont wurde. Gleichzeitig übernahm man in England auch die französischen Fenster – verglaste Flügeltüren –, die auf eine Terrasse oder in den Garten führten.

Doch selbst eine solche Vielfalt von Einflüssen verblaßt im Vergleich mit dem stilistischen Wechselbad der viktorianischen Epoche. Architekten spickten ihre Bauten gern mit allen nur erdenklichen Anspielungen auf historische Vorbilder. Die Formen der Fenster machten Anleihen bei jeder erdenklichen Stilart; besonders beliebt waren italienische Rundbogenfenster, neugotische Spitzbogenfenster, Fenster aus farbigem Glas und winklige Erkerfenster, die im Erdgeschoß installiert wurden oder sich über zwei Stockwerke erstreckten.

Verbesserungen in der Technologie bedeuteten, daß Glas billiger hergestellt werden konnte. In den vierziger Jahren des 19. Jahrhunderts wurde die Verbrauchssteuer für Glas, 1851 die Fenstersteuer abgeschafft. Obgleich Glas nun allgemein verfügbar war, hatten die Viktorianer ein ambivalentes Verhältnis zum Licht. Man

Die präraffaelitischen Künstler des späten 19. Jahrhunderts liebten mittelalterliche Dekorationen und vor allem die Glasmalerei; sie gab ihren Arbeiten das religiöse Flair, das einer Kunst mit so hohem moralischen Anspruch gut zu Gesicht stand. Das Gemälde mit dem Titel Harmony *stammt von Frank Dicksee (1853–1929). Es ist die romantische Interpretation einer häuslichen Szene. Der Lichteinfall durch das theatralisch wirkende Buntglasfenster wird durch den karmesinroten Halbvorhang zusätzlich reduziert.*

*Die elegant geschwungenen Formen des »*Art Nouveau*« bildeten einen äußerst angenehmen Kontrast zu den eklektischen Exzessen des spätviktorianischen Geschmacks. Die klare, sparsame Linienführung dieses Pariser Interieurs von 1900 wirkt weicher durch die graziös fließenden Kurvierungen des Dekors auf den Glaspaneelen.*

betrachtete es als eine der Voraussetzungen für gesunde Arbeitsbedingungen, aber aus der häuslichen Umgebung wurde es so gut wie verbannt.

Die Fortschritte in der Eisen- und Stahlkonstruktion brachten neue Verwendungsarten für Glas und neue Fenstertypen mit sich. Das Glasdach und der Wintergarten waren zwei viktorianische Neuerungen, und der »Kristallpalast«, der 1851 zur Londoner Weltausstellung eröffnet wurde, fand viel Beachtung.

Die Strömungen des 20. Jahrhunderts

Gegen Ende des 19. Jahrhunderts entwickelten sich neue künstlerische Ideen. Neben der Begeisterung für die »Ehrlichkeit« und Einfachheit frühmittelalterlicher Formen, die die Arts-and-Crafts-Bewegung propagierte, fand auch eine Wiederbelebung des Queen-Anne-Stils statt. Die hohen, schmalen Fenster machten einfacheren Formen Platz: Die Fensterscheiben wurden wieder in Bleifassungen eingesetzt oder durch weiß gestrichene Holzsprossen unterteilt; man schwelgte in Nostalgie.

Auch die gewundenen, vegetabilen Formen des Jugendstils, die zu Beginn des 20. Jahrhunderts aufkamen, beeinflußten die Fenstergestaltung. Die Verfügbarkeit von billigem Fensterglas seit Ende des 19. Jahrhunderts und Fensterrahmen aus Stahl ermöglichten die Gestaltung expressionistischer »Natur«-Formen.

Moderne Technologien ermöglichten den Architekten, Häuser mit gläsernen Außenwänden zu konstruieren. Das »Gläserne Haus« von Philip Johnson von 1949 ist vollkommen in die Landschaft integriert. Die Wände aus Flachglas reichen vom Boden bis zur Decke – ein Höhepunkt der Fenstergestaltung.

Im 20. Jahrhundert wurde das Fenster schließlich unabhängig von der Struktur des Gebäudes. Die Architekten der Moderne verwendeten die Fenster als Mittel, den festen Baukörper zu durchbrechen und einen Ausgleich von Masse und Zwischenraum zu schaffen. Nach dem Zweiten Weltkrieg konstruierte man Fenster in allen erdenklichen Formen, Größen und Stilarten. Durch die Verwendung von Stahlträgern wurde es möglich, große Zwischenräume ohne Stützen zu überbrücken, und die Wand, die bis dahin tragendes Element war, wurde zur reinen Füllwand.

1949 baute der amerikanische Architekt Philip Johnson (geboren 1906) sein »Glashaus« in New Canaan, Connecticut, dessen Fenster gleichzeitig die Wände darstellten. Große Glasplatten reichten von der Decke bis zum Boden und hoben die Grenze zwischen Innen und Außen auf. Seither haben weitere technologische Fortschritte dazu geführt, daß man ganze Gebäude mit Glas umkleidete – die Glaswände wurden an ihrer Oberkante befestigt.

Entwicklungen wie diese haben sich kaum auf den privaten Hausbau ausgewirkt. Die Entwürfe heutiger Wohnhäuser zitieren häufig Elemente vergangener Stilarten und verwenden Fensterkonstruktionen jeglicher Größe und Form – von großen Panoramafenstern bis zu Rundbogenfenstern und schmalen Fensteröffnungen. Die Vielfalt der Fensterformen ist heute ebenso groß wie die Vielfalt von Fensterdekorationen. Alles was machbar ist, ist stilistisch denkbar.

Die Gestaltung des Fensters

Das Fenster ist ein natürlicher Blickpunkt des Raumes, und die Art des Fensters – seine Form, seine Größe, seine Lage im Raum und die Form des Rahmens – trägt zum Charakter der Raumarchitektur bei. Außerdem spielt das Fenster eine wichtige Rolle bei der Raumausstattung. Die Fensterdekoration – einschließlich der Vorhänge, der Sonnenrollos, der Querbehänge, des dekorativen Zubehörs und der Wahl der Farben und Stoffe – ist mitbestimmend für den Stil eines Interieurs. In jedem Fenster steckt ein beträchtliches Dekorationspotential.

Das Licht

Einer der wichtigsten Aspekte der Fensterdekoration, der die Stimmung eines Raumes mit beeinflußt, wird häufig am wenigsten berücksichtigt: das Licht. Fenster haben die Funktion, das Tageslicht hereinzulassen. Natürliches Licht ist niemals einheitlich in Farbe oder Intensität, sondern hängt von einer Vielzahl veränderlicher Faktoren ab. Das Klima und die Himmelsrichtung wirken sich auf die Intensität des Lichtes aus; der Einfluß der Jahreszeit, der Tageszeit und des Wetters sind örtlich bedingt und variabel. Diese natürliche Wandelbarkeit des Lichtes belebt den Raum: Oberflächenstrukturen werden sichtbar, Farben erscheinen mehr oder weniger intensiv, Schatten bewegen sich, und architektonische Strukturen werden durch Helldunkelkonstraste betont. Die Geschichte des Fensters und seiner Ausstattung ist in vieler Hinsicht die Geschichte von Licht im Raum. Im Regency zum Beispiel war es üblich, daß man die Fenster nicht verdeckte und zum Teil sogar auf Draperien verzichtete, so daß das Tageslicht ungehindert in den Raum einfallen konnte. In spätviktorianischer Zeit zog man es vor, in abgedunkelten Räumen zu leben.

Heute haben wir die Wahl zwischen den verschiedensten Möglichkeiten der Fenstergestaltung. Die meisten Menschen lieben das natürliche Licht, und für viele Stadtbewohner ist es wichtig, so viel Licht in die Wohnung hereinzulassen wie die Fenster erlauben – als subtiles und sich ständig wandelndes Symbol der freien Natur.

Aus vielerlei Gründen – mag sein, daß die Möbel vor zu starker Sonneneinwirkung geschützt werden müssen oder einfach nur, um interessantere Effekte zu erzielen – ist es manchmal angezeigt, das Fenster trotzdem zu verkleiden. Je nach Stoff und Stil der Verkleidung wird das Tageslicht mehr oder weniger gefiltert. So kann man die Qualität des Lichtes verbessern, aus Licht und Schatten Muster gestalten, die Stimmung beeinflussen oder Farben verändern. Spitze, bedruckter Voile oder leichte, ungefütterte Stoffe wie Musselin sind zwar sehr lichtdurchlässig, werfen aber durch ihre Webart stimmungsvolle Schatten.

Halbgeschlossene Sonnenrollos beleben den Raum: Man kann den Lichteinfall so gestalten, daß man Sonnenaufgänge oder Sonnenuntergänge inszenieren kann. Ein drapierter Querbehang mit tief durchhängenden Raffbögen oder ein Stück Stoff, über eine Gardinenstange drapiert, zeichnet bei tiefstehender Sonne einen halbmondförmigen Schatten im Raum. Farbige Vorhänge wirken wie Fenster aus farbigem Glas. Sie tönen das Licht und verändern die Farben im Raum. Auch ein farbiges oder gemustertes Vorhangfutter kann vielerlei subtile Effekte hervorrufen. Neutrale Futterstoffe in Weiß oder Creme sind heute allgemein üblich, aber die Erfahrung mit historischen Fensterdekorationen hat gezeigt, daß Futterstoffe mit Mustern oder in weichen Farbtönen einen kühl wirkenden Raum in warmes Licht tauchen oder einen dunklen Raum aufhellen können.

Die Aussicht

Das Fenster wird zum Bilderrahmen für die Welt außerhalb des Hauses. Leider kommt auf jedes Zimmer mit Ausblick auf die See oder auf eine Hügelkette

VORHERGEHENDE DOPPELSEITE: *Der matte Schimmer und die opulente Fülle des Baumwollsatins kommen durch die bauschige Raffung zur Geltung.*

LINKS: *Die warmen, gelben Farbtöne dieses eleganten Gesellschaftszimmers harmonieren mit dem warmen Goldschimmer der Nachmittagssonne, deren Strahlen schräg durch die französischen Fenster fallen. Die tief durchhängenden Raffbögen des drapierten Querbehanges werfen ihre Schatten an die Kaminwand.*

UNTEN: *Mit dem lichtdurchlässigen Stoff einer einfachen, ungefütterten Fensterverkleidung läßt sich das Licht eines Raumes verändern, wenn man eine bestimmte Atmosphäre schaffen will. Das Springrollo in Saphirblau verbreitet eine kühle, ruhige Stimmung.*

Es gibt nur wenige Räume, die sich einer Aussicht wie dieser – vom St. James' Park bis zur Westminster Abbey – rühmen können. Dieses Interieur wurde von dem französischen Maler Louis Pierre Spindler gemalt. Die schlichten Samtvorhänge in einem gedämpften Braunton sind locker zurückgebunden und rahmen das Panorama; das schlichte Rollo ist hochgezogen und gibt den Blick frei. Die Geranientöpfe auf dem Balkon schaffen einen Übergang zwischen drinnen und draußen und dämpfen die Grandeur der Architektur.

wenigstens ein Raum mit Blick auf den Hof, auf eine Ziegelmauer oder das Badezimmerfenster des Nachbarn. Man sollte daher verschiedene Arten von Fensterdekorationen verwenden.

Eine wirklich schöne Aussicht – wie Sydney Harbour, die Bucht von San Francisco oder heidekrautbewachsene schottische Hügel – kann man für sich wirken lassen oder mit Vorhängen und Draperien umrahmen. Eine geradlinige, strenge Fensterverkleidung – etwa eine schlichte Schabracke und bodenlange Vorhänge, die in gleichmäßige Falten gelegt sind – wäre wahrscheinlich am besten geeignet, weil sie weder von der Aussicht ablenkt, noch mit ihr konkurriert. Für einen größeren Raum könnte man eine pompösere Fensterdekoration wählen – zum Beispiel einen flach drapierten Querbehang und Vorhänge, die wie ein Theatervorhang wirken.

Sollte die Aussicht nicht gerade erhebend sein, kann man sie mit einer kunstvollen Draperie und einem halbgeschlossenen Rollo verdecken und damit zugleich einen neuen Blickpunkt schaffen. Wenn das Tageslicht unentbehrlich ist, aber die Aussicht abgedeckt werden soll, wählt man am besten Spitzen- oder Musselinvorhänge; beide Materialien gewähren Sichtschutz und ergeben interessante Effekte.

Ausmaße und Proportionen

Es gibt viele Arten von Fensterdekorationen, mit deren Hilfe man die natürlichen Proportionen eines Raumes entweder unterstreichen oder korrigieren kann. Die Länge eines Vorhanges oder eines Rollos, seine Breite und die dekorativen Details wie Querbehänge – alle diese Faktoren können die Wahrnehmung von Raum und die Beziehung der verschiedenen Dekorationselemente zueinander beeinflussen. Auf den größtmöglichen Maßstab bezogen heißt das: Wenn ein pompöses Speisezimmer sechs lange Schiebefenster an einer Wand hat und jedes Fenster ist mit einer bodenlangen, prunkvollen Draperie in einer kräftigen Farbe dekoriert, wird die Höhe des Raumes durch die Wirkung der vertikalen Linien der Vorhänge betont.

Nur wenige von uns sind so privilegiert, daß sie sich überlegen müssen, wie sie die Größe ihrer palastartigen Räume am besten zur Geltung bringen. Es gibt jedoch für jedes Fenster und für jeden Raum eine Menge Verwandlungsmöglichkeiten, und immer gelten die gleichen Regeln. Um den Eindruck von großer Höhe zu mildern, muß man die Horizontale betonen; um die Breite zu mindern, muß man die Vertikale betonen. Ein sehr breites Fenster, dessen horizontale Linien stark betont sind, wirkt weniger breit, wenn man schmale Seitenschals verwendet, die bis auf den Boden fallen. Und umgekehrt kann man mit dicht fallenden, fülligen Vorhängen, die über die seitlichen Begrenzungen hinausgehen, ein Fenster optisch verbreitern.

Auch durch Querbehänge lassen sich Proportionen verändern. Viele Fenster reichen nicht bis zum Karnies oder bis zur Decke. Zwischen der Oberkante des Fensters und der Decke bleibt ein Stück Wand, das als »totes Licht« bezeichnet wird. Ein Querbehang, der dieses tote Licht verdeckt, vergrößert optisch die Höhe des Raumes. Wenn andererseits ein Fenster zu hoch wirkt, kann man den Querbehang an der Obergrenze des Fensterrahmens beginnen lassen und damit die Höhe des Fensters reduzieren. Die gleiche Wirkung erzielt man mit einem Rollo, das hinter dem Querbehang oder den Vorhängen angebracht und bis zur Hälfte heruntergezogen wird, so daß ein Teil des Fensters verdeckt ist.

Auch der Maßstab von Mustern wirkt sich auf die Proportionen eines Fensters aus. Ein großformatiges Blumenmuster an einem kleinen Fenster kann fehl am Platz sein; ein Streublümchenmuster oder ein kleinteiliges, geometrisches Muster auf einem reich drapierten, pompösen Vorhang mit großzügigen Falten kann verlorengehen – es sei denn, man setzt die Vorhänge mit breiten Fransen und Borten ab.

Dieses heruntergelassene Raffrollo schafft eine reizvoll private Atmosphäre.

Diese Fensterdekoration wirkt licht und luftig und gibt Ausblicke.

Die schmale Silhouette einer Fensterdekoration im Regency-Stil.

Die langen Vorhänge passen in ein elegantes, traditionelles Interieur.

Sorgfältig durchdachte Fensterdekorationen können ungünstige Fensterformen oder Raumproportionen optisch verändern, so daß Fenster und Raum eine harmonische Einheit bilden. Die Wirksamkeit solcher optischen Täuschungen wird hier an vier verschiedenen Dekorationen des gleichen Fensters demonstriert.

LINKS: *Die französischen Fenster dieses Wohnzimmers öffnen sich zum Mittelmeer. Bemalte Fensterläden mit Lamellen dämpfen das grelle Sonnenlicht; die ungefütterten blaugestreiften Vorhänge betonen die kühle Eleganz dieses modern eingerichteten Interieurs, und die gelben Farbtupfer geben dem Raum einen Hauch von Wärme und Sommer.*

RECHTS: *Viele Laura-Ashley-Druckmuster wurden von alten Originalen inspiriert, die anläßlich des Verkaufs von Landhäusern, bei Versteigerungen und in Museen in aller Welt ausgewählt wurden. Die Vorlage für das Laura-Ashley-Muster* Blue Ribbons, *das für diese Gardinen verwendet wurde, war ein Stück bedrucktes Leinen (Mitte); für die Tapete wurde ein dazu passendes Rosenmuster gewählt. Das Muster* Country Lattice *(unten) stammt von einem Querbehang aus dem frühen 19. Jahrhundert; für den Reprint wurde ein frischer, weißer Grund gewählt.*

Die Farbe

Die Farbe ist schon immer ein starkes und aussagekräftiges Element der Innenausstattung gewesen. Wer glaubt, daß die Räume in früheren Zeiten in verblaßten, zarten Farben ausgestattet waren, sollte sich einmal zeitgenössische Gemälde oder die restaurierten Interieurs in Museen und Schlössern genauer ansehen, dann wird er bemerken, wie überschwenglich und theatralisch viele historische Farbzusammenstellungen tatsächlich waren.

Häufig nimmt die Dekoration der Fenster einen beachtlichen Teil der Gesamtfläche eines Raumes ein, ihre Farbe oder ihre Farbkombination ist daher ein wichtiges Element der Raumausstattung. Für die farbliche Gestaltung gibt es keine Regeln, nur tradierte Gewohnheiten. Unsere erste, unreflektierte Reaktion auf Farben hat wahrscheinlich mit den Farben in der Natur zu tun: Rot-, Gelb- und Orangetöne werden als »warm« empfunden, weil sie mit Feuer in Verbindung gebracht werden, Grau- und Blautöne als »kalt«, weil es die Farben von Wasser, Eis und Wolken sind; Grün- und Brauntöne wirken angenehm, weil es Erdfarben sind. Aus diesen ursprünglichen Assoziationen haben sich einige einfache Richtlinien entwickelt. Um das Licht in einem düsteren, sonnenlosen Raum zu maximieren, sollte man frühlingshafte Gelb- und Pinktöne für die Vorhänge und Wände wählen; um eine große, leere Fläche zu verkleinern, sollte man Farben wie Pflaume, Burgunder oder Salbeigrün verwenden und eine üppige Fensterdekoration, die eine warme, anheimelnde Atmosphäre schafft; um in einem Schafzimmer eine kühle, entspannende Stimmung zu schaffen, sollte man Weiß- und Blautöne nehmen.

So einfach, wie diese Analyse klingt, ist das in der Praxis nicht. Im Laufe von Jahrhunderten haben sich in verschiedenen Kulturkreisen spezielle Farbnuancen entwickelt wie in Skandinavien gustavianisches Grau oder in USA Williamsburg-Blau oder Federal-Grün, die zum Teil die Abgrenzungen von tonalen Farbwerten verwischen.

Ganz allgemein gesprochen gibt es drei Möglichkeiten, Farben zusammenzustellen. Am einfachsten ist es, verschiedene Töne der gleichen Farbe zu kombinieren und einen Raum zum Beispiel in einer Vielfalt von Grüntönen zu dekorieren. Für die Vorhänge könnte man einen jadefarbenen Damast nehmen und ihn mit einer dunkleren Fransenborte absetzen, um die Silhouette zu betonen; als Bezugstoff könnte man ein Muster in Grün und Pink wählen, und für die Wände Elfenbein mit einem hellgrünen Streifen. Die zweite Möglichkeit ist, Komplementärkontraste (Gelb und Blau, Grün und Rot, Violett und Orange) nebeneinanderzusetzen und vielleicht noch einen ausgleichenden Farbton hinzuzufügen. Das heißt, man kombiniert zum Beispiel Rot und Grün mit Braun oder Gelb und Blau mit einem Hauch von Smaragd. Solche Farbkombinationen kommen häufig in Mustern vor; man braucht nur eine der Farben aus dem Muster zu nehmen und sie an anderer Stelle im Raum zu wiederholen. Das schwierigste, zugleich aber auch das wirkungsvollste ist es, eine Palette verwandter Töne von verschiedenen Farben zusammenzustellen – zarte Rosa- und intensive Pinktöne könnte man zum Beispiel durch einen kontrastierenden Akzent in Saphirblau ergänzen, um Intensität und Spannung zu erzielen.

Da Farbe eine ungeheure Kraft hat und sehr viel bewirken kann, tendieren die meisten Menschen dazu, auf Nummer Sicher zu gehen oder Farbe nur in homöopathischen Dosen zu verwenden. Das ist sehr schade, denn damit verzichten sie auf die anregende und belebende Wirkung, die Farben haben können. Der Erfolg der meisten gelungenen Innenausstattungen beruht auf einem geschmackssicheren Umgang mit der Farbe, den man sich nur durch Experimentieren aneignen kann.

Druckmuster

Muster sind ein wichtiger Gestaltungsfaktor, mit dem man Rhythmus und Leben in einen Raum bringen kann. Stoffdrucke – ob floral, geometrisch oder figürlich – verschmelzen Farben, Formen und auch Texturen zu einer Einheit, sie können eine Stimmung oder eine bestimmte Epoche evozieren oder ganz einfach eine angenehme Atmosphäre schaffen.

Den modernen Herstellungsmethoden ist es zu verdanken, daß wir heute die Möglichkeit haben, aus einer größeren Vielfalt von Druckstoffen wählen zu können als je zuvor. Auch ausgezeichnete Reproduktionen traditioneller Muster sind im Handel erhältlich – alte Chintze, viktorianische Paisley-Muster und Druckmuster, die von alten Webmustern kopiert wurden.

Wie bei anderen Aspekten der Innenausstattung, gibt es auch für die Verwendung von Mustern keine Regeln, die strikt befolgt werden müssen. Wichtig ist nur, daß man die Wirkung, die man mit den Mustern erzielen kann, richtig einschätzt und daß man ein Gefühl hat für das, was dem Stil des Hauses und der Funktion des Raumes angemessen ist. Will man ein Wohnzimmer im traditionellen Landhausstil ausstatten, kann man mit einem großblumigen Chintz unmittelbar den gewünschten Effekt erzielen; eine »rustikale« Stimmung erreicht man durch einfache Vorhänge mit Streublümchenmustern. Mit den schweren, in sich gemusterten Damaststoffen läßt sich der Geist der hochviktorianischen Epoche evozieren; ganz anders wirken chinesisch inspirierte Muster mit Motiven von orientalischen Gemälden oder Keramiken, die eine farbintensive, exotische Atmosphäre verbreiten.

Es empfiehlt sich immer, die Muster der jeweiligen Stilepoche des Hauses anzupassen. Elisabethanische oder jakobäische Textilmuster sind nicht leicht zu finden, aber Muster aus dem 18. und 19. Jahrhundert und späteren Zeiten sind in großer Auswahl auf dem Markt. Die Reproduktionen historischer Muster gehen nicht nur auf englische Vorbilder zurück, auch auf französische und italienische.

OBEN: *Zu modernen Einrichtungen passen nicht nur einfarbige Stoffe und geometrische Muster. Die strenge Atmosphäre dieses äußerst sparsam eingerichteten Raumes wird durch die Duncan-Grant-Muster auf den Vorhängen gemildert, sie verleihen dem Interieur eine künstlerische Note. Die gedämpften Grautöne und das Gelb der Vorhänge wirken als integrierendes Element, das die beiden entgegengesetzten Geschmacksrichtungen zu einer Einheit verschmelzen läßt.*

LINKS: *Ein geblümter Chintz – fast gleichbedeutend mit englischem Landhausstil – wirkt traditionell und dennoch frisch, behaglich und dennoch elegant. Ein ideales Material für das Gesellschaftszimmer eines Landsitzes.*

Wichtig ist vor allem, daß man sich bei der Wahl des Musters den ganzen Raum vorstellt und nicht nur an die Vorhänge oder die Rollos denkt, für die es bestimmt ist. Es gibt Räume, bei denen allein durch die Fensterdekoration der Bedarf an Mustern gedeckt ist; in einem sehr großen Raum kann man zum Beispiel die Muster von Vorhängen und Polstermöbeln aufeinander abstimmen oder durch eine Kombination von verwandten Mustern auf verschiedenen Oberflächen eine dicht gestaffelte Wirkung erzielen.

Es gibt ganz unterschiedliche Kriterien für die Zusammenstellung von Mustern. Es gibt verwandte Muster, die schon vom Entwurf her so angelegt sind, daß sie sich ergänzen, und kontrastierende Muster, die sich auf angenehme Art und Weise ergänzen; es kann sehr wirkungsvoll sein, wenn man Vorhänge in einem Spaliermuster in Gelb und Blau mit einem gelb-weiß gestreiften Springrollo kombiniert oder Vorhänge in einem floralen Chinoiseriemuster mit einem Rollo in einem chinesisch inspirierten Gittermuster.

Texturen

Die großen traditionellen Dekorationsstoffe – Damast, Samt, Brokat und Chintz – verbreiten eine Atmosphäre von Luxus und Behaglichkeit, die zum Teil mit den Oberflächenstrukturen zu tun hat. Besonders die drei ersten Stoffe fühlen sich nicht nur herrlich an, sie sehen auch sehr luxuriös aus. Die Schwere und Stärke der Stoffe erinnern an die üppigen, kunstvoll drapierten Fensterdekorationen und Bettvorhänge in den großen, reichen Häusern der vergangenen Jahrhunderte. Solche Stoffe kann man noch heute kaufen und mit Hilfe einer opulenten Fensterdekoration die Pracht vergangener Zeiten wiedererstehen lassen.

Verschiedene Texturen bedeuten verschiedene Qualitäten und rufen andere Stimmungen hervor. Ein einfarbiger Baumwollstoff wirkt kühl und frisch; eine Leinenbindung hat eine matte Oberfläche mit betonter Struktur; Chintz hat eine

OBEN: *Die Dachgaube dieses typischen rustikalen Schlafzimmers ist mit einer kurzen Gardine mit Streublümchenmuster ausgestattet, die bis auf das Fensterbrett reicht. Kleinformatige Rapportmuster in weichen, gedämpften Tönen betonen den zeitlosen Charme dieser Ausstattung.*

LINKS: *Die Kunst, Muster zu kombinieren, wird hier, vor dem Fenster eines Morgenzimmers, demonstriert. Das Element, das das Gardinenmuster mit den beiden anderen verbindet, ist die Farbkombination.*

OBEN: *Die Oberflächenstruktur von Stoffen trägt sehr zum Gelingen einer Fensterdekoration bei, und jeder Stoff hat ganz bestimmte Eigenschaften, die sich auf den Charakter der Dekoration auswirken. Der glatte, spröde Baumwollchintz des Vorhangs läßt sich akkurat drapieren; er wird von einer Messingrosette gehalten – ein äußerst eleganter Akzent für ein traditionell inspiriertes Gesellschaftszimmer.*

LINKS: *Ein elfenbeinfarbener, bedruckter Baumwolldamast ergänzt die delikaten Untergardinen aus Voile und kontrastiert sehr wirkungsvoll mit den unverputzten Ziegeln der Fensterlaibung.*

glänzende Oberfläche, die das Licht reflektiert; Seide ist weich, fällt schwer und reflektiert ebenfalls das Licht. Mit bewußt eingesetzten Texturen kann man die Atmosphäre eines Raumes verstärken. Die Wirkung einer bestimmten Oberflächenstruktur kann man durch ein dekoratives Zubehör in einem kontrastierenden Material erhöhen: Man setzt zum Beispiel einen glänzenden Chintz mit Baumwollfransen ab oder unterstreicht die Wirkung von Samt durch eine Goldbrokatborte.

Auch durch den Stil der Fensterdekoration kann die Aufmerksamkeit zusätzlich auf die Stoffoberfläche gelenkt werden. Eine glatte, kastenförmige, knappgeschnittene Schabracke über gefältelten Baumwollvorhängen wirkt elegant und schlicht und paßt zu sprödem Material, während Raffbögen, Drapierungen und lose fallende Stoffbahnen den reichen Fall von Samt gut zur Geltung bringen. Eine weich gekräuselte Oberkante paßt zu zarter Spitze, und ein dicht gerüschtes Sonnenrollo bringt die glänzende Oberfläche von Chintz am vorteilhaftesten zur Geltung.

Traditionell inspirierte Fensterdekorationen

Zu allen Zeiten hat man die Einrichtungsstile vergangener Epochen wiederaufleben lassen. Sehr oft steckt das, was wir gern als Stil einer bestimmten Zeit bezeichnen, selbst schon voller Anspielungen auf frühere Quellen: Der Regency-Stil ging hauptsächlich auf klassisch-griechische und altägyptische Formelemente zurück; in spätviktorianischer Zeit begeisterte man sich für japanische Dekorationselemente, und in der Edwardian-Epoche war der von Vernunft beherrschte, gutbürgerliche Geschmack der Queen-Anne-Epoche wieder gefragt. Damals wie heute war es nicht üblich, daß bei jedem Modewechsel die Interieurs völlig neu gestaltet wurden, Möbel und Bezugstoffe früherer Epochen existierten einträchtig neben den neuen.

Es gibt zwei Möglichkeiten, den Stil einer vergangenen Zeit wiederaufleben zu lassen. Die erste Möglichkeit ist, Sie schätzen Ihr Haus sorgfältig nach seinem Zeitstil und seinen charakteristischen Merkmalen ein und lassen die Ausstattung im entsprechenden Stil, farb- und detailgetreu, im gleichen Maßstab und auf der gleichen Stilebene wiederherstellen. Wer auf diese Methode eingeschworen ist, nimmt jede Mühe auf sich, um sicherzugehen, daß alles authentisch wirkt, von den Fialen der Gardinenstangen bis zum Muster der Stoffe. Die andere Methode ist eher eklektisch: Man nimmt eine Vielfalt von Ausstattungsideen, die auf der gleichen Stilebene liegen und fügt sie zu einer Einheit mit individueller Atmosphäre.

John Fowler (1906–1977), der bedeutende englische Innenausstatter des 20. Jahrhunderts, hatte großen Respekt vor der immensen Vielfalt historischer Stilarten; er schuf stilechte, traditionelle Ausstattungen, kombinierte aber – mit viel Phantasie und Sinn für das Flair eines Interieurs – häufig verschiedene Stilelemente im gleichen Raum. Er fand, daß die Fensterverkleidungen der Vergangenheit faszinierende Quellen für neue Gestaltungsideen sind und übernahm eine Auswahl eleganter Dekorationen traditioneller Stilarten in sein Repertoire.

Vorhänge sind zwar erst seit dem 17. Jahrhundert ein eigenständiges Element der Innenausstattung, dennoch hat es seit dieser Zeit eine ungeheure Vielfalt von Stilen gegeben. Von den festonartig drapierten, quastengeschmückten Vorhängen der frühgeorgianischen Zeit und den romantischen Drapierungen des französischen Empire bis zu den hübschen rosetten- und schleifenverzierten Draperien des Regency und den fransenbesetzten Querbehängen, »falschen« Vorhängen und Spitzenwogen der spätviktorianischen Epoche.

Im reichen Fundus der Vergangenheit findet sich für jedes Haus und jeden Stil die passende Fensterdekoration.

John Fowler war einer der einflußreichsten und berühmtesten Innenausstatter unseres Jahrhunderts. Er war ein Meister des Details, liebte präviktorianische Stile und war berühmt für seine neuartigen Fensterdekorationen. Er verwendete nie vorlagegetreue Reproduktionen, sondern kombinierte gern Elemente verschiedener Stilepochen. Dieses Fenster gehört zum Treppenhaus eines Gutshauses, das er 1939/40 ausstattete. Der drapierte Querbehang, die Rosetten, die quastenverzierten Kordeln und die kontrastierende, ausgezackte Rüsche zeigen deutliche Anlehnung an den Empirestil. Die trompe l'œil-*Bemalung auf dem Rollo hinter der Draperie soll einen Rolladen vortäuschen.*

Vorhänge

VORHERGEHENDE DOPPELSEITE: *Die großen Fenster mit den Metallrahmen gehören zu einem Wohnzimmer in einem umgebauten Lagerhaus. Sie sind mit einem traditionellen, zweischichtigen Vorhangarrangement dekoriert: Die weit zurückgebundenen Vorhänge geben die Fensterlaibung frei und lassen die Fenster noch größer erscheinen; der Voile bauscht sich über die ganze Fensterbreite und filtert das Sonnenlicht.*

UNTEN: *Dieses holländische Interieur aus dem 17. Jahrhundert, von Cornelius Janssens (1593–1661) gemalt, trägt den Titel* The Sweeper. *Es zeigt den Gardinenstil des 17. Jahrhunderts – eine einteilige Gardine, die an Ringen hing und mit Hilfe einer Kordel über das Fenster gezogen wurde. Gardinen und Stuhlbezug haben nicht nur die gleiche Farbe, sie sind auch aus dem gleichen Stoff.*

Der Begriff »Vorhänge« ist eine Gattungsbezeichnung, die altmodische Vorstellungen hervorrufen könnte – gemeint sind hier alle Arten von Fensterdekorationen aus Stoff. Zuerst denkt man unwillkürlich an die allgemein üblichen, schlichteren Varianten, bei denen der Stoff, gekräuselt oder in Falten gelegt, gerade von Gardinenstangen oder Schienen herabfällt. Gemeint sind aber auch die opulenten Draperien mit Raffbögen und mit lose herabfallenden Stoffbahnen.

Vorhänge spielen eine große Rolle bei der Ausstattung von Interieurs aller Stilarten. Sie bereichern die Ausstattung durch ihre Farbe, ihre Oberflächenstruktur oder ihr Muster (oder durch alles zusammen); sie verändern oder betonen die architektonischen Eigenheiten eines Raumes oder eines Fensters; und sie schaffen eine behagliche Atmosphäre von Wärme und privater Geborgenheit. Vorhänge können aber auch sehr theatralisch wirken und zum Blickpunkt eines Raumes werden. Zu ihren praktischen Funktionen gehört es, das Tageslicht zu filtern oder zu dämpfen, das Innere des Hauses vor Blicken von außen zu schützen und Räume gegen Lärm und Zugluft abzudichten.

Man könnte also vermuten, daß Vorhänge seit eh und je zu den wichtigsten Elementen der Inneneinrichtung gehört haben. Aber merkwürdigerweise sind sie eine verhältnismäßig junge Errungenschaft und wurden erst gegen Ende des 17. Jahrhunderts zu einem eigenständigen Ausstattungselement.

Die historische Entwicklung

Vorhänge entstanden nicht vorwiegend aus der Notwendigkeit, den Raum gegen die Außenkälte abzudichten, denn die frühen Fensteröffnungen waren kaum groß genug, um einen merklichen Wärmeverlust entstehen zu lassen. Vom Mittelalter bis ins 17. Jahrhundert waren es die Wandverkleidungen und die Bettvorhänge – meist aus reich bestickten oder gewirkten Tapisserien – die diesem Zweck dienten. Fenstervorhänge hatten auch nicht die Funktion, die Privatsphäre abzuschirmen. In den frühen Wohnhäusern, wo die Räume ohne Flur direkt nebeneinanderlagen und die Betten häufig im Empfangsraum standen, gab es sowieso kaum eine Privatsphäre. Nachts wurden die Fensteröffnungen aus Sicherheitsgründen mit Fensterläden verschlossen.

Die ersten Fensterverkleidungen waren eher schlichte Gardinen oder Vorhänge, die die Funktion hatten, das Licht zu dämpfen: Sie waren meist aus einem Stück und bestanden aus einem leichten, ungefütterten Stoff wie Leinen oder Seide und wurden an Eisenringen befestigt, die an einer eisernen Gardinenstange hingen. Sie hingen gewöhnlich an einer Seite des Fensters und wurden, wenn nötig, von Hand oder mit Hilfe einer Schnur vor das Fenster gezogen. Im 17. Jahrhundert gab es bereits schmückende Raumtextilien aus starkfarbigen oder gemusterten Stoffen, die als Wandverkleidungen, Bettvorhänge mit Querbehängen und Tischteppiche dienten, während die Fenstervorhänge noch keine dekorative Funktion hatten. In Räumen, in denen das Licht eine wichtige Rolle spielte, blieben die Fenster ohne Vorhänge.

Die ersten dekorativen Fenstervorhänge kamen gleichzeitig mit den Schiebefenstern gegen Ende des 17. Jahrhunderts auf. Die Fenster öffneten sich jetzt nicht mehr nach innen; sie wurden größer, wirkten graziöser und hatten leichtere Rahmen. Um diese neue architektonische Errungenschaft gebührend zu betonen, wurde den Vorhängen nun eine wichtige und ausgesprochen dekorative Funktion zugewiesen. Zuerst wurden sie in der Mitte geteilt, so daß zwei gleich große Seitenschals entstanden, die das Fenster symmetrisch rahmten. Dann wurde die unansehnliche Gardinenstange mit den Ringen durch einen Querbehang verdeckt. Um eine Einheit zu schaffen, wurden diese neuen Vorhänge gewöhnlich aus dem gleichen Material

OBEN: *Im späten 18. und frühen 19. Jahrhundert waren fortlaufende Draperien modern; die Wand wurde als Einheit betrachtet und in die Dekoration einbezogen. Diese Illustration von 1838 zeigt drei Fenster, die von einem einzigen Querbehang überfangen werden.*

Termine
7 30
8 00
8 30
9 00
9 30
10 00
10 30
11 00
11 30
12 00
12 30
13 00
13 30
14 00
14 30
15 00
15 30
16 00
16 30
17 00
17 30
18 00
18 30
19 00
19 30
20 00
20 30
21 00
21 30
22 00

42. Woc
290. Ta

ungen und die Bettvorhänge. Man verwendete
der Kammgarn, es gab aber auch dünnere und
Taft, Gaze oder Seide.
des 18. Jahrhunderts, führten frühgeorgianische
ls Fensterdekoration ein: Ein einteiliger Vorhang
Bögen nach oben gerafft, bis zu einer stoffbezo-
Abschluß der Fensterdekoration bildete. Das
h am Tage nicht ganz hochgezogen wurde, so daß
deckte – wurde bald die große Mode in Stadt und

bis in die ersten Jahrzehnte des 19. Jahrhunderts
dungen in Europa mehrere Stilwandel durch. Vor
1789 bewiesen vor allem die Pariser »tapissiers«
außerordentlich kunstvolle Draperien, die aus
eichlich dekorativem Zubehör bestanden. Beson-
che Draperien. Später, nach der Krönung von
Metragen kostbarer Stoffe über Gardinenstangen
ben bis auf den Boden fallen. Sie brachten einen
ung und Romantik in die Empire-Interieurs und
der Möbel. Dieser Effekt wurde gesteigert durch
iger Stoffe wie Musselin oder Seide. Beliebt waren
in klaren, starken Farben.
nd wieder symmetrische Seitenschals in Mode.
rden als dekorative Elemente betrachtet und ent-
ialen, Konsolen und dekorative Raffarme ergänzt.
Allgemein üblich waren Untergardinen in kontrastierenden Stoffen. Auch einfachere Fensterverkleidungen kamen in Mode: Die Fenster blieben zum Teil ohne

Dieses hochviktorianische Interieur ist das Ankleidezimmer von Prinzessin Alexandera, der Tochter von Zar Nikolaus I., in der Fasanerie bei Fulda. Es zeigt, wie gekünstelt Vorhangarrangements im 19. Jahrhundert sein konnten. Das Fenster hat eine dreischichtige Dekoration: eine Untergardine aus Musselin, die unter dem Frisiertisch hervorschaut, als unterste Schicht, darüber Spitzengardinen und darüber schwere Vorhänge und einen drapierten Querbehang mit tief durchhängenden Bögen.

Vorhänge und wurden nur mit einem festonartigen Querbehang versehen, um die geraden Linien des Fensterrahmens aufzulösen oder um die Kurvierung eines Bogenfensters zu unterstreichen.

Für zwei oder mehrere gleich große Fenster an einer Wand erfand man die »fortlaufende« Draperie, das heißt, die Fensterverkleidung erstreckte sich über die ganze Wand. Zwei nebeneinanderliegende Fenster wurden häufig spiegelverkehrt dekoriert: Am linken Fenster wurde ein farbiger Vorhang, der breit genug war, das ganze Fenster zu bedecken, an der linken Außenseite zurückgebunden, während die genauso breite, weiße Untergardine nach rechts gerafft wurde, so daß sich beide Teile überkreuzten und am Tage ein zweifarbiger Effekt entstand. Das rechte Fenster wurde seitenverkehrt dekoriert, so daß ein Fenster das Spiegelbild des anderen war.

Der Lambrequin entstand in frühviktorianischer Zeit – es handelte sich um einen flachen, phantasievoll gestalteten Querbehang mit langen, herunterhängenden Seitenteilen, die fast bis zum Boden reichten. Er bedeckte den oberen Teil des Fensters und schluckte einen großen Teil des Tageslichtes. Ergänzt wurde der Lambrequin meist durch Vorhänge und Untergardinen, wodurch sich eine Fensterverkleidung in mehreren Schichten ergab. Einfachere Fensterdekorationen bestanden aus zwei Seitenschals, die von einer dekorativen Gardinenstange herabhingen und ziemlich weit unten zurückgebunden wurden. Die Vorhänge waren aus schweren, dunklen Stoffen und häufig so lang, daß sie am Boden schleiften. Durch einen Futterstoff in einer kontrastierenden Farbe, der an den Außenkanten nach vorn herumgezogen wurde, ergab sich eine interessante Bordüre.

Das vollgestopfte und mit üppigen Polstermöbeln ausgestattete Interieur, das man mit der viktorianischen Epoche assoziiert, entstand erst in den letzten Dekaden des 19. Jahrhunderts. Derartige Ausstattungen hatten wahrscheinlich den Sinn, das Tageslicht soweit wie möglich auszuschließen. Man fand viele Erklärungen für diese düstere Mode. Es wurde unter anderem behauptet, daß das Ganze eine Frage des Prestiges war: Wenn die Familienmitglieder eines Mannes ohne Licht existieren konnten, war erwiesen, daß sie selbst nicht einen Finger zu rühren brauchten.

Eine typisch viktorianische Fensterdekoration bestand zum Beispiel aus einem Querbehang, schweren Vorhängen, Untergardinen aus Spitze – zum Teil über Kreuz drapiert – und Scheibengardinen aus Musselin oder einem netzartigen Gewebe an den unteren Fensterscheiben. Das Ganze wurde dann reichlich mit Quasten, Fransen und Kordeln verziert. Es gab auch Fenster mit doppelten Draperien: Die obere hing an einer zweiten Gardinenstange oberhalb der ersten.

Gegen Ende des 19. Jahrhunderts setzte eine völlig neue stilistische Entwicklung ein. Von der Art-and-Crafts-Bewegung und von der beginnenden Moderne, die sich eigentlich erst nach dem Ende des Ersten Weltkrieges durchsetzte, gingen Anregungen aus, die Fensterverkleidungen zu vereinfachen, leichter zu gestalten, das Zuviel an Dekoration wegzulassen. Beide Stilrichtungen schufen im wesentlichen die Grundlagen für den Geschmack des 20. Jahrhunderts.

Die Wiederbelebung des Queen-Anne-Stils war der Auftakt zu dem, was wir heute den englischen Landhausstil nennen – ein behaglicher, aufgeklärter und gefälliger Geschmack, der sich aus keiner spezifischen Stilepoche ableiten läßt und Elemente verschiedener Stilarten, wie des georgianischen, des Regency- und des viktorianischen Stils verbindet. Der Landhausstil bevorzugt traditionelle Fensterdekorationen mit einfachen, aber dekorativen Querbehängen und Seitenschals und geblümtem Chintz.

Am entgegengesetzten Ende der Stilentwicklung führte der Einfluß der Moderne in Design und Architektur zu verschlankten, ehrlichen, übersichtlichen Interieurs, in denen die Fensterdekoration eine weniger wichtige, eher funktionale Rolle spielte. Neben den beiden neuen Trends lebten einige traditionelle Stile wieder auf.

Im 20. Jahrhundert propagiert die Mode Vorhänge aus einfachen, robusten Geweben wie Baumwolle und Leinen – in Uni oder mit Streublümchen- und altmodischen Blumenmustern – und Gardinenstangen aus naturfarbenem Holz. Spitze wird häufig als Bordüre oder als Untergardine verwendet, auch als Tischdecke oder als Überhang am Kaminsims.

Die Wiederbelebung vieler traditioneller Stilarten als Resultat verbesserter Herstellungs- und Kommunikationstechniken ist charakteristisch für das 20. Jahrhundert. Aber schließlich ist Stilvielfalt nichts Neues. Seit Jahrhunderten werden Dekorationsideen vergangener Zeiten übernommen und wiederbelebt.

Das kleine Flügelfenster eines hübschen ländlichen Schlafzimmers ist mit einfachen Vorhängen und einem Querbehang aus cremefarbenem Kattun ausgestattet. Das Gemälde von Edmund Blair Leighton (1853–1922) mit dem Titel Seclusion *zeigt den rustikalen Dekorationsstil des beginnenden 20. Jahrhunderts, der sich von dem schwerfälligen Pomp des durchschnittlichen viktorianischen Dekorationsstils einerseits und dem elitären, ästhetisierenden »Art Nouveau« abhob.*

Die Schlichtheit dieses einteiligen Musselinvorhanges, der an einer dünnen Messingstange hängt, bildet einen ausdrucksvollen Kontrast zu den dunklen Holzpaneelen der Vertäfelung und dem kostbaren Polsterstoff dieses traditionell eingerichteten Interieurs.

Zeitgenössische Fensterdekorationen

DER STOFF

Durch die enorme Vielfalt von Stoffen, die heute angeboten werden, kann man mit einer Fensterdekoration jeden gewünschten Effekt erzielen. Wenn Sie nicht wissen, für welchen Stoff Sie sich entscheiden sollen, stellen Sie sich immer wieder vor, welche Wirkung Sie erzielen wollen.

Die anspruchsvollste Textilfaser ist die Seide. Sie wird aus den Kokons von Seidenraupen gewonnen. Daraus entstehen Seidenstoffe mit den verschiedensten Texturen, und jeder dieser Stoffe hat spezielle dekorative Eigenschaften. Ein leichter, lichtdurchlässiger Organza eignet sich für delikate, feminine Arrangements; eine grob strukturierte Rohseide mit unregelmäßigen Noppen paßt gut in ein formelles Ambiente – sie eignet sich vorzüglich für Wohnzimmer und Speisezimmer, wo Gläser und Silber die Farbe der Vorhänge widerspiegeln. Der kostbar schimmernde Seidentaft verdient ein extravagantes Design im großen Stil, das seine opulente Wirkung unterstreicht. Üppige Samte eignen sich hervorragend für Räume mit einer warmen, behaglichen Atmosphäre – natürlich kommt ihre majestätische Wirkung auch in jeder anderen Umgebung zur Geltung. Übrigens lassen sich alle Seidenstoffe sehr gut drapieren; man verwendete sie vor allem in der georgianischen Epoche – am liebsten Seidenbrokat und Damast.

Seit Ende des 18. Jahrhunderts, als Baumwollstoffe und Musselin in Mode kamen und es mit der französischen Seidenindustrie bergab ging, ist Seide zum reinen Luxus geworden. Die Qualität und Vielfalt moderner Baumwoll- und Leinenstoffe bieten einen erschwinglichen Ersatz – besonders diejenigen, die mit alten Seidenmustern bedruckt sind. Baumwollstoffe sind kräftig und robust und eignen sich hervorragend für Druckmuster. Baumwolle nimmt klare, leuchtende Farben gut an und ist seit dem 19. Jahrhundert zum wichtigsten Dekorationsstoff geworden.

Durch ihre spröde Eleganz und ihre glatte Oberfläche eignen sich Dekorationsstoffe aus Baumwolle für viele Arten von Fensterdekorationen – von einfachen Caféhausvorhängen aus Gingham bis zu eleganten Draperien in üppigen Paisley-Mustern mit kaskadeartig fallendem Faltenwurf. Der leichte, locker gewebte Musselin ist ein durchsichtiges, mattes Gewebe, das sich besonders für romantische Drapierungen eignet. Chintz, der traditionelle englische Dekorationsstoff, der ursprünglich in Indien hergestellt wurde, verdankt seine Wirkung dem edlen Glanz seiner Oberfläche und der Frische seiner floralen Muster. Baumwollsatin ist ein dichtes Gewebe mit Satinbindung und eignet sich für Raffungen und reiche Drapierungen; er wurde gern in viktorianischen Gesellschaftszimmer verwendet.

Leinen, eine pflanzliche Faser, deren Ursprung der Flachs ist, wird ebensfalls in verschiedenen Gewichten und Webarten angeboten – vom feinen, weichen Leinenbatist bis zum robusten Halbleinen. Leinen oder Leinen-Baumwoll-Gemische werden zum Teil zu Damast verarbeitet, einem dichten, in sich gemusterten Stoff, der sich vorzüglich für Fensterverkleidungen im georgianischen Stil eignet.

UNTEN: *Der klassische Damast ist der Reprint eines Originals aus dem 18. Jahrhundert; er unterstreicht die prunkvolle Grandezza dieses georgianischen Speisezimmers. Die zarten Blautöne der Vorhänge werden durch das rosenrote Futter und die gleichfarbene dekorative Fransenborte besonders wirkungsvoll zur Geltung gebracht.*

LINKS: *Der geblümte Chintz der Vorhänge im Gesellschaftszimmer eines Landhauses wirkt ausdrucksvoll und edel. Die frische Wirkung des Stoffes kommt durch den Glanz der Oberfläche zustande, die das Licht reflektiert.*

Leichte, ungefütterte Vorhänge sind eine reizvolle Dekoration in einem warmen, sonnigen Klima – sie filtern das Licht, schließen es aber nicht aus. Die saphirfarbenen Streifen auf dem ungefütterten Chintz tönen das intensive Licht der Sonne Floridas und tauchen das Speisezimmer in einen kühlen Hauch von Blau.

Eine Fensterdekoration, der man heute weniger Beachtung schenkt, ist der Teppich. Ursprünglich verwendete man gewirkte Tapisserien oder Teppiche, um Zugluft fernzuhalten und gleichzeitig einen dekorativen Effekt zu erzielen. Auch heute noch wirkt ein Teppich oder eine Brücke in leuchtenden Farben, an einer Gardinenstange aufgehängt, äußerst reich und luxuriös.

Futter und Zwischenfutter

Die praktischen Vorteile von gefütterten Vorhängen sind bekannt. Das Futter verhindert, daß die Vorhänge verblassen, verlängert ihre Haltbarkeit, erhöht die isolierende Wirkung und reduziert den Lärm. Ein gefütterter Vorhang hat außerdem einen besseren Fall, bleibt auch länger in Form und gewährleistet besseren Lichtschutz.

Sehr wichtig ist natürlich auch die dekorative Wirkung von Futterstoffen – ein Aspekt, den man vor allem in früheren Zeiten sehr geschätzt hat. Seit Beginn des 19. Jahrhunderts wurden Vorhänge häufig mit Stoffen in kontrastierenden Farben oder Mustern gefüttert, wobei der Futterstoff zuweilen an den äußeren Kanten nach vorn herumgezogen wurde, so daß ein Bordüreneffekt entstand. Erst seit einigen Jahrzehnten beschränkt man sich – vielleicht aus ökonomischen Gründen – auf einfarbige Futterstoffe in Weiß, Off-white oder Creme.

Ungefütterte Vorhänge streuen das Licht; ein einfarbiges Futter dagegen kann wie ein Farbfilter wirken. Ein pinkfarbener Stoff als Futter eines lichtdurchlässigen Vorhangs gibt dem Licht, das in den Raum fällt, einen schönen, warmen Ton. Durch ein gelbes Futter wirkt ein Raum sonnig und heiter, selbst an einem grauen Morgen.

Futterstoffe mit Mustern oder in kontrastierenden Farben können eine sehr interessante Wirkung haben, auch wenn der Vorhangstoff selbst mehr oder weniger undurchsichtig ist. Der Futterstoff kann ein Motiv des Vorhangstoffes – vielleicht in einem kleineren Maßstab – wiederholen oder eine Farbe aus dem Vorhangstoff wieder aufnehmen. Durch farbige oder gemusterte Futterstoffe wirkt die Fassade freundlicher und attraktiver.

Eine noch bessere Wirkung läßt sich erzielen, wenn man außer dem Futter noch ein Zwischenfutter verwendet. Das Zwischenfutter ist eine gleichmäßige Stofflage zwischen Vorhangstoff und Futter, es erhöht die isolierende Wirkung und macht den Vorhang lichtundurchlässig.

Sein größter Vorteil ist die dekorative Wirkung; es wirkt wie eine Polsterschicht und läßt die Falten üppiger und plastischer erscheinen. Selbst der leichteste Baumwollstoff bekommt durch ein Zwischenfutter einen besseren Fall; er wirkt schwerer und ausdrucksvoller.

Die Gestaltung der Oberkante

Die Gestaltung der Oberkante ist für den Vorhang etwa so wichtig wie der Schnitt für das Kleid. Abgesehen von praktischen Erwägungen trägt die Oberkante entscheidend zum Charakter des Arrangements bei – sie entscheidet, ob die Dekoration streng formal, weich fließend, schlicht oder raffiniert einfach wirkt. Wenn die Oberkante sichtbar sein soll und nicht durch einen Querbehang oder eine Draperie verdeckt wird, erfordert ihre Gestaltung noch größere Sorgfalt.

Zu den Faltentechniken, die sich besonders für die Aufhängung von Vorhängen ohne Querbehang eignen, gehören: die zylindrischen Bleistiftfalten, die Quetschfalten, die Dreifachfalten, die Kelchfalten und die nach dem Kirschsystem gelegten Falten. Diese streng formalen Falten werden mit Hilfe von Faltenbändern bzw. dem

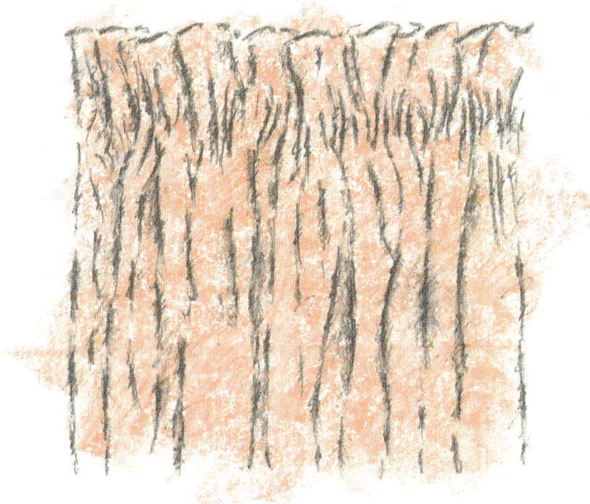

Standardkräuselung

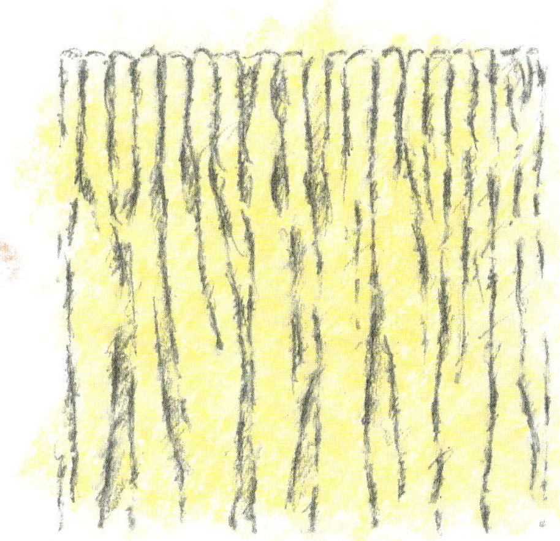

Zylindrische Bleistiftfalten

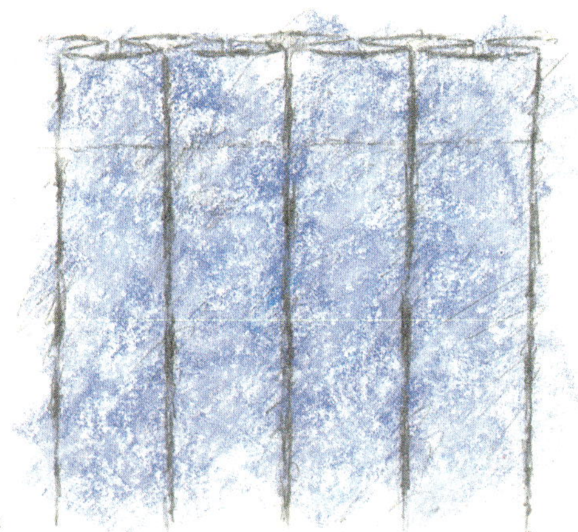

Quetschfalten

»Flämische« Falten

Die Gestaltung der Oberkante bestimmt den Stil der gesamten Fensterdekoration. Eine einfach gekräuselte Kante mit Köpfchen wirkt unkonventionell und rustikal; zylindrische Bleistiftfalten wirken adrett und akkurat; Quetschfalten ergeben eine markant strukturierte Oberkante, die zu einem eleganten, modernen Interieur paßt. Dreifachfalten mit all ihren Varianten sind elegante Lösungen für traditionelle Dekorationsstile.

NÄCHSTE SEITE: *Auch für Vorhänge, die an Gardinenstangen hängen, gibt es eine große Vielfalt von Gestaltungsmöglichkeiten – von der schlichten Eleganz von Dreifachfalten und Ringen oder vom weichen Abschluß mit einer breiten, gerüschten Futteralkante bis zu den etwas spröde wirkenden, praktischen Schlaufen oder den hübschen, koketten Schleifen.*

Kirschsystem

Kelchfalten

Stoffschlaufen und Gardinenstange

Stoffschleifen und Gardinenstange

Dreifachfalten und Ringe

Breite Futteralkante mit eingezogener Stange

Kirschband gelegt und sind dekorativ genug, um ohne Querbehang bestehen zu können. Sie sind verhältnismäßig tief, so daß sich ein gerader und voller Faltenwurf ergibt.

Weichere Effekte lassen sich durch einfaches Kräuseln mit Hilfe eines Kräuselbandes erzielen. Die Kräuselung wirkt flacher als die Faltentechniken und läßt sich gut mit einem Querbehang verbinden. Eine gekräuselte Futteralkante mit überstehendem Köpfchen erfordert keinen Querbehang; es handelt sich um einen breiten Saum, durch den eine Stange gezogen wird, darüber ist ein schmalerer Saum, der als Köpfchen stehenbleibt.

Nicht jede Aufhängetechnik eignet sich für jedes Muster und jede Stoffart. Die etwas spröden Bleistiftfalten kann man mit einem gestreiften Stoff betonen, während ein Stoff mit deutlicher Struktur sich eher für Kelchfalten eignet. Ein Spaliermuster paßt sehr gut zu einer gesmokten Oberkante. Bei kurzen Vorhängen aus leichtem Stoff, zu denen auch Caféhausvorhänge gehören, und bei Spitzenschals wirkt eine gekräuselte Futteralkante mit überstehendem Köpfchen sehr hübsch und gefällig.

Auch mit weniger komplizierten, aber einfallsreich gestalteten Oberkanten kann man dekorative Wirkungen erzielen. Sehr unkonventionell wirken weich geknotete Bänder, feminine Schleifen oder breite Schlaufen, mit denen man den Vorhang an der Gardinenstange befestigt, anstatt Falten- und Kräuselbänder und Haken zu verwenden.

Länge, Breite und Stil

Die Abmessungen einer Fensterdekoration sind nicht nur eine Stilfrage, sie sind auch ein praktisches Problem. Länge und Breite einer Fensterdekoration wirken sich stark auf unsere Wahrnehmung der Raumproportionen und der Proportion des

Fensters selbst aus und können auch bestimmte Qualitäten des Stoffes und des Stils der Dekoration unterstreichen. Auch Muster beeinflussen die Wahrnehmung der Proportionen: Ein Muster mit starker Betonung der Vertikalen läßt den Raum höher erscheinen. Ein Muster mit großformatigen Motiven und großem Rapport erfordert viel Platz, damit die Wiederholung des Rapports sichtbar wird und das Muster seine Wirkung voll entfalten kann.

Die Fülle eines Vorhanges hängt von der Aufhängetechnik ab, und verschiedene Techniken erfordern verschiedene Stoffmengen. Für die übliche Kräuselung braucht man ein Minimum an Stoff: Die Breite muß eineinhalbmal die Länge der Gardinenstange oder -schiene betragen, bei Bleistiftfalten zweieinhalbmal. Es ist immer besser, den Stoff reichlich zu bemessen, denn zu schmale, allzu sparsame Vorhänge haben keinen schönen Fall und treffen vielleicht noch nicht einmal in der Mitte zusammen.

Die Länge der Gardinenstange oder -schiene hängt von der Art und der Größe des Fensters ab und von dem gewünschten Lichteinfall bei zurückgezogenen Seitenschals. Die Länge der Vorhänge richtet sich dann nach der Atmosphäre oder dem Stil, den man anstrebt. Grundsätzlich gibt es zwei Möglichkeiten: Kurze Vorhänge reichen bis zum Fensterbrett, lange bis zum Boden.

Innerhalb dieser groben Einteilung in kurze und lange Vorhänge gibt es ein paar feine Varianten. Kurze Vorhänge können genau in Höhe des Fensterbrettes enden oder es großzügig verdecken. Das gleiche gilt für die langen Vorhänge: Sie können dicht über dem Fußboden enden oder lässig über den Boden schleifen, was sehr reich und romantisch wirken kann. Es ist ein Stil, der in einem leichten Stoff wie Musselin genauso gut wirkt wie in Samt. Entweder läßt man den Stoff ganz natürlich fallen und sich stauen, drapiert ihn fächerförmig wie um den Fuß einer Säule oder arrangiert ihn locker und bauschig am Boden.

LINKE SEITE: *Vorhänge wirken viel luxuriöser, wenn man sie am Boden schleifen läßt, anstatt sie dicht über dem Fußboden enden zu lassen.*

LINKS: *Vorhänge bis zum Fensterbrett wirken unkonventionell und eignen sich für ein modernes Wohnzimmer. Eleganter und großzügiger wirkt es allerdings, wenn sie ein wenig unterhalb des Fensterbrettes enden.*

OBEN: *Eine Küche erfordert eine praktische Fensterlösung, und kurze Vorhänge aus einem einfachen Baumwollstoff mit schmalen Lakritzestreifen, die bis zum Fensterbrett reichen, wirken frisch und adrett und sind eine ideale Lösung.*

OBEN: *Die Höhe, in der ein Vorhang zurückgebunden wird, ist ausschlaggebend für den Fall des Stoffes und den Stil der gesamten Fensterdekoration. Der dicht gekräuselte, einteilige Vorhang gehört zum Fenster eines Treppenabsatzes, wo nicht viel Licht erforderlich ist. Er ist in halber Höhe zurückgebunden, damit das Muster gut zur Geltung kommt.*

OBEN RECHTS: *Eine äußerst reizvolle Dekoration im Empirestil entsteht, wenn man den Raffpunkt sehr hoch ansetzt und die Raffung mit dekorativen Raffarmen hält.*

RECHTE SEITE: *Bei einem großen Raum mit sehr hohen Fenstern kann man die Seitenschals oben aneinanderstoßen lassen und sie sehr tief zurückbinden. Dadurch werden Höhe und Größe des Raumes betont.*

Es ist auch wichtig, ob die Vorhänge gerafft werden oder glatt herunterhängen sollen. Man kann die Seitenschals entweder mit Raffarmen halten oder mit Kordeln in der gewünschten Höhe zurückbinden und die Kordel schräg nach oben ziehen, so daß sich symmetrische, weich durchhängende Bögen mit locker herabfallendem Faltenwurf ergeben. In welcher Höhe man die Vorhänge rafft, hängt vom Stil der Fensterdekoration ab. Im Regency wurden die Seitenschals entweder sehr tief oder sehr hoch zurückgebunden, manchmal sogar tief und hoch gleichzeitig. In viktorianischer Zeit wurden die Raffarme meist sehr tief angebracht und waren ein wichtiges Gestaltungselement der Fensterdekoration. Wenn man die Seitenschals von den Raffarmen löste, fielen sie in der Mitte des Fensters zusammen, so daß das Fenster völlig geschlossen war – denn die Vorhänge wurden so angebracht, daß sie sich in der Mitte trafen.

Gardinenstangen

Die ersten Gardinen wurden an eisernen Stangen aufgehängt, die schon bald von äußerst dekorativen Gardinenstangen mit kunstvoll gearbeiteten Halterungen abgelöst wurden. 1790 wurde die »französische Gardinenstange« erfunden. Zu ihr gehörten Rollenzüge und Schnüre, mit deren Hilfe die Gardinen von der Seite aus über das Fenster gezogen werden konnten.

Kunstvoll gestaltete Gardinenstangen mit Kanelluren und phantasievollen

UNTEN: *Gardinenstangen mit Schmuckenden sind Teil der Dekoration und dürfen sichtbar angebracht werden. Eine schlichte Vorhangstange aus Holz paßt zu Gardinen mit Streublümchenmuster und zu Interieurs mit ländlichem Flair; eine dekorative Messingstange mit Ananas-Fialen oder dem Federbuschemblem des Prinzen von Wales wirkt pompös in Verbindung mit üppig drapierten Vorhängen aus kostbaren Stoffen. Dagegen ist eine Messingstange mit Kanneluren, von Draperien eingehüllt, von zurückhaltender Eleganz. Eine Gardinenstange aus Eichenholz mit Eicheln als Schmuckenden kann mit einem schweren Brokatvorhang sehr würdevoll aussehen.*

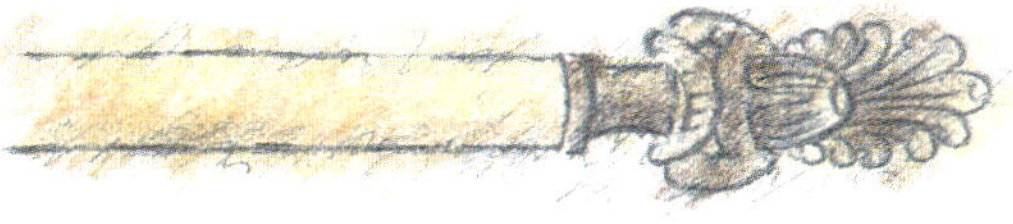

Schmuckenden, gehalten von dekorativen Wandarmen, verleihen einer traditionell inspirierten Fensterdekoration die nötige Grandezza. Geschnitzte Löwenköpfe, Ananasfrüchte und Eicheln waren einst als Motive sehr beliebt und werden heute nach alten Vorbildern reproduziert. Schlichtere Versionen, die elegant und konventionell zugleich sind, passen gut zu Arrangements in einem etwas einfacheren Stil.

Gardinenstangen aus Holz bieten sich für eine ländliche Ausstattung mit rustikalen Streublümchenmustern oder Chintzen an. In Verbindung mit schweren Brokatvorhängen wirken sie würdevoll und altmodisch. Eine Politur betont den reichen Schimmer von Mahagoni, und durch Beizen wird die Maserung des Holzes betont. Ein farbiger Anstrich bietet viele Möglichkeiten für Farbabstimmungen oder Kontrastwirkungen; weiß angestrichene Gardinenstangen erinnern an das Regency, vor allem in Verbindung mit den Eiscremefarben Vanille, Erdbeere oder Pistazie. Holzstangen lassen sich auch für üppige Draperien oder für bühnenartige Dekorationen mit mehreren Raffbögen verwenden.

Gardinenstangen aus Metall, die leichter und dünner sind als die Holzstangen, sind für leichtere Vorhänge gedacht; für Vorhänge mit Futteralkante, für Caféhausgardinen und für Fensterverkleidungen, die dicht am Fenster hängen sollen. Bei Flügelfenstern und französischen Fenstern kann man die dünnen Metallstangen direkt am Fensterrahmen anbringen, so daß sich die Gardinen zusammen mit den Fenstern öffnen lassen.

B. Rand
1951

Rollos

Fensterdekoration eines französischen Boudoirs von 1840. Ein Sonnenrollo mit einer Fransenborte wird von einem Querbehang mit tief durchhängenden, quastenverzierten Raffbögen und Seitenschals gerahmt. Das Rollo zeigt die Vorliebe des 19. Jahrhunderts für Chinoiserien.

VORHERGEHENDE DOPPELSEITE: *Rollos lassen sich sehr vielfältig gestalten, und außerdem erfüllen sie einen praktischen Zweck. Das einfache Springrollo mit seinem knappen Kontur ist auf das Wesentliche beschränkt; das Faltrollo mit seinen klaren Linien und regelmäßigen Falten wirkt zurückhaltend; das Raffrollo ist am dekorativsten.*

Das Stoffrollo ist eine sehr beliebte und vielseitige Form der Fensterverkleidung. Die einfachste und unauffälligste Version ist das Springrollo. Es ist flach und bedeckt – wenn man es nach unten zieht – knapp das Fenster. Das Faltrollo ist ebenfalls schlicht und geradlinig; wenn man es hochzieht, legt sich der Stoff in horizontale Falten.

Die dritte und dekorativste Art ist das Raffrollo und seine etwas reichere Variante, das Wolkenrollo, dessen opulente Fülle gerüscht und in weichen, durchhängenden Faltenbögen hochgezogen wird. Das äußerst variable Raffrollo wird allein oder in Verbindung mit Vorhängen oder Querbehängen verwendet.

Rollos haben viele praktische Vorteile. Sie sind eine preisgünstige Alternative zu Vorhängen, da sie im allgemeinen viel weniger Stoff erfordern. Für Küchen und Badezimmer bieten sie sich häufig als die beste Lösung an. Überall dort, wo bodenlange Vorhänge nicht angebracht wären oder bei Fenstern, die eine ungünstige Lage oder Form haben und schwierig zu dekorieren sind, können Rollos die richtige Lösung sein. Ihre Hauptfunktion ist jedoch, das Licht zu dämpfen, und in dieser Beziehung sind sie besonders variabel: Man kann sie in jeder beliebigen Höhe fixieren und dadurch den Lichteinfall korrigieren.

Die historische Entwicklung

In warmen Ländern mit starker Sonneneinstrahlung sind Rollos schon seit frühester Zeit der gebräuchlichste Sonnenschutz. Meist wurden sie – genau wie heute – aus Binsen- oder Rohrgeflecht hergestellt. Im westlichen Europa verwendete man Fensterläden, die im Innern des Hauses angebracht waren und zu Beginn des 17. Jahrhunderts von stoffbespannten Holzrahmen verdrängt wurden.

Dieser Holzrahmen, über den man ein Stück Leinen oder Seide spannte, war der Vorreiter unseres heutigen Sonnenrollos. Man brachte ihn gewöhnlich an den Wohnzimmerfenstern an, damit man nicht von der Sonne geblendet wurde. Der Stoff war meist dunkelgrün oder hatte eine andere dunkle Farbe; um ihn lichtdurchlässig zu machen, wurde er zuweilen mit Öl getränkt. Man glaubte, daß Grün eine wohltuende Wirkung auf die Augen habe.

Diese stoffbespannten Rahmen waren bis ins 18. Jahrhundert hinein sehr verbreitet, zum Teil sogar noch im Regency. Es gab auch abklappbare Versionen, die mit Scharnieren an einer Seite des Fensterrahmens befestigt wurden. Bei anspruchsvolleren Ausführungen wurde der Stoff in Falten gelegt.

Das »Wolkenrouleau« – eine stilistische Neuheit der Fensterdekoration und ein Vorläufer unseres heutigen Raffrollos – kam um 1720 in Mode. Die ersten Wolkenrouleaus bestanden aus einem einzigen Stück Stoff und wurden mit Hilfe von Zugkordeln – die von einer hölzernen Schabracke verdeckt wurden – in durchhängenden Faltenbögen nach oben gezogen. Sie waren meist aus Seide oder Damast und waren so dekorativ, daß man sie ohne Vorhänge verwenden konnte. Mit ihren weich geschwungenen Konturen wirkten sie an den eleganten georgianischen Fenstern nicht selten wie Theatervorhänge.

Ebenfalls im 18. Jahrhundert wurde das Springrollo erfunden. 1741 inserierte ein englischer Kaufmann »spring blinds« und pries ihre Vorteile mit folgenden Worten an: »Sie sind praktisch und leicht zu handhaben und schützen im Sommer vor der Sonne.« Die Rollen dieser frühen Rollos waren meist aus Kupfer oder Messing; die Stoffbespannung war zum Teil sehr dekorativ. Es heißt, daß Madame Pompadours Boudoir schon 1755 mit Rollos aus Taft ausgestattet war, die mit Blumengirlanden bemalt waren. Ein derartiger Luxus war allerdings erst im 19. Jahrhundert allgemein gebräuchlich – die Schmuckmotive und Bordüren wurden damals mit Ölfarbe auf die Seiden- oder Leinenbespannung oder auf die Drahtgitter aufgemalt. Der Stoff wurde teilweise mit Lack behandelt, damit er lichtdurchlässig wurde.

Um die Mitte des 19. Jahrhunderts wurden Rollos zum unentbehrlichen Bestandteil vieler kunstvoll gestalteter Fensterdekorationen. Die sogenannten »holland blinds« waren die eleganteste Version und hatten häufig kunstvolle Muster, die aufgedruckt, eingewebt oder aufgemalt wurden. Die untere Kante wurde phantasievoll mit durchbrochenen Kanten, Fransen und Quasten verziert. Als Schmuckmotive waren Landschaften oder pastorale Idylle sehr verbreitet, auch der Effekt von Glasmalerei war sehr beliebt.

Diese Verzierungen waren allerdings nicht immer sehr geschmackvoll. Sie wirkten manchmal aufdringlich, waren schlecht ausgeführt und beschleunigten die Rückkehr zu einfarbigen Versionen und neutralen Naturtönen. Kurze Zeit waren auch rote Springrollos modern, die in spätviktorianischen Interieurs besonders prächtig ausgesehen haben müssen. Einfarbige Rollos wirkten im allgemeinen ziemlich nüchtern und dienten in erster Linie als Sonnenschutz. In einem Inventar von Clarence House von 1852, das damals die Herzogin von Kent bewohnte, werden »holland blinds« als Ausstattungselemente des Dachgeschosses aufgeführt, in dem die Schlafräume der Bediensteten untergebracht waren.

Gegen Ende des 19. Jahrhunderts kam das Wolkenrollo in Mode. Es hatte eine ausgebogte Unterkante, und die Raffbögen blieben auch dann gerüscht, wenn es heruntergelassen wurde. Es ersetzte die Untergardine und wurde gewöhnlich aus einem durchsichtigen, netzartigen Material, zum Teil sogar aus Seide gemacht.

Die einfacheren Versionen von Faltrollos und Springrollos werden vor allem in modernen Interieurs verwendet – hauptsächlich wegen ihrer Funktionalität. In jüngster Zeit kündigte die Wiederkehr von Raffrollos die Rückkehr zu einem dekorativeren Ausstattungsstil an. Rollos bieten noch immer viele Möglichkeiten, die verschiedensten Dekorationseffekte zu erzielen.

OBEN: *Um die Mitte des 19. Jahrhunderts waren Rollos im allgemeinen schlichter als ihre kunstvoll bemalten Vorgänger. Sie hatten meist eine neutrale Farbe, als Material kamen Spitze oder ein Stoff mit Weiß- oder Lochstickerei in Frage. Auf dem Gemälde* Summer *von 1875 zeigt John Atkinson Grimshaw, daß so ein delikates, lichtdurchlässiges Rollo als einzige Fensterdekoration im Sommer völlig ausreicht.*

LINKS: *Gegen Ende des 19. Jahrhunderts waren hübsche Raffrollos die große Mode. Auf James Tissots Gemälde* The Rivals *rahmen sie die Aussicht auf das üppig wuchernde Grün der exotischen Pflanzen eines Wintergartens.*

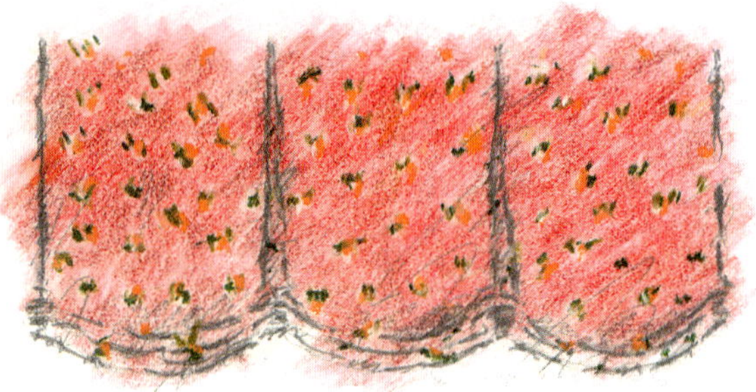
Einfaches Raffrollo

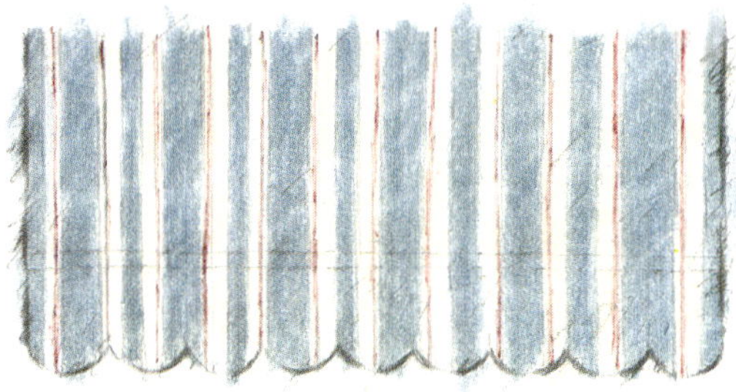
Rollo mit bogenförmiger Unterkante

LINKS: *Es gibt für jeden Ausstattungsstil eine passende Rolloform. Das einfachste Rollo läßt sich durch phantasievolle Kanten beleben; ein geradliniges Faltrollo läßt sich mit einer eleganten Borte oder mit einer strengen, zinnenförmigen Unterkante abwandeln; das füllige Raffrollo erfordert nicht unbedingt eine Verzierung – wenn man eine Vorliebe fürs Opulente und Extravagante hat, kann man es mit Rüschen und Stoffrosetten oder kecken, ausgezackten Rüschen aufputzen.*

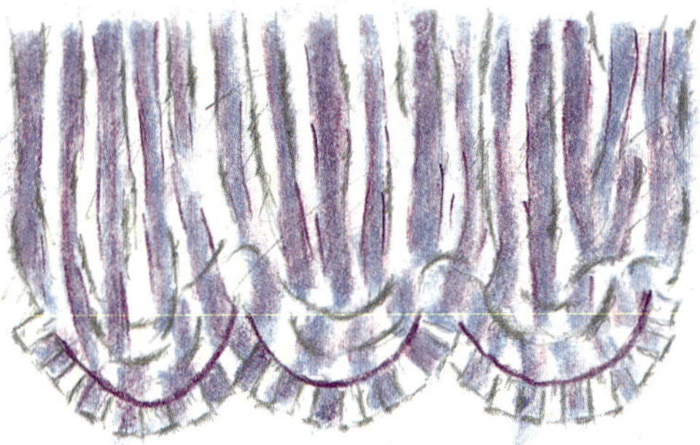
Raffrollo, an der Unterkante mit einer Rüsche abgesetzt

Rollo mit phantasievoll gestalteter Unterkante

Raffrollo, von einer Rüsche eingefaßt und mit Stoffrosetten verziert

Rollo mit zinnenförmiger Unterkante

GANZ RECHTS OBEN: *Glatte Rollos in Saphirblau stören das kunstvolle Muster der Bleiruten nicht und sind eine elegante Lösung für das Erkerfenster. Durch ihre Transparenz erhält das Licht des Raumes eine kühle, blaue Tönung und schafft eine ruhige Atmosphäre, die zum Nachdenken anregt.*

RECHTS OBEN: *Bei der Zusammenstellung von Rollos mit den übrigen Elementen der Fensterdekoration hat man die Möglichkeit, Farben aufeinander abzustimmen oder Kontraste zu schaffen.*

RECHTS UNTEN: *Ein simples Rollo mit Streifenmuster wird durch einen frei drapierten Querbehang mit floralen Motiven belebt, der dekorativ über eine Gardinenstange geworfen wurde. Ein attraktiver Stil- und Mustermix.*

Raffrollo, an der Unterkante mit einer ausgezackten Rüsche abgesetzt

Faltrollo, mit einer kontrastierenden Borte abgesetzt

Termine

7 30
8 00
8 30
9 00
9 30
10 00
10 30
11 00
11 30
12 00
12 30
13 00
13 30
14 00
14 30
15 00
15 30
16 00
16 30
17 00
17 30
18 00
18 30
19 00
19 30
20 00
20 30
21 00
21 30
22 00

42. Woch

292. T

nd praktisch und hat seit seiner Erfindung nichts
eine knappe Form und sein ordentliches Erschei-
ignet für kleine Fenster in moderner Umgebung.
hung läßt es sich jedoch auch in traditionelleren
hängen und Querbehängen kombinieren. Man
eine Ausstattung integrieren, kann es im Muster
abstimmen, oder man kann ein Muster mit
fen wählen oder ein einziges erzählendes Motiv.
sie das Fenster bedecken und sollten nicht über
Venn die Fensternische tief genug ist, kann das
icht vor den Fensterscheiben hängt; andernfalls
efestigt werden oder an der Wand unmittelbar

ell für Springrollos angefertigt werden, in einer
ustern. Ein weißes oder cremefarbenes Spring-
Ihrer Ausstattung sein, nötig ist eine solche
nicht. Ein kleinteiliges, stilisiertes oder florales
gestimmt ist, wirkt hübsch und frisch in einem
nt oder unkonventionell und heiter wirken, je
zählende Motive sind eher etwas für Kinder. Es
völlig abdunkeln, doch im allgemeinen sind sie
[illegible] – ein einfarbiges Rollo kann dem Licht eine interessante Tönung geben.

Rollos können eine phantasievolle Ergänzung der übrigen Ausstattung sein, wenn man sie in Farbe, Muster oder Struktur auf den Rest der Fensterdekoration abstimmt oder einen Kontrast wählt. Gelb-weiß gestreifte Rollos kontrastieren sehr wirkungsvoll mit einem geblümten Chintz mit grünen und gelben Motiven. Ein

OBEN: *Die exakten Ziehharmonikafalten des Faltrollos passen genau in die Nische eines Badezimmerfensters. Für Faltrollos eignen sich kleinformatige Rapportmuster besonders gut.*

RECHTS OBEN: *Einem breiteren Faltrollo gibt ein stilisiertes Blumenmuster aus pastelligen Farbflecken eine heitere Note.*

RECHTE SEITE: *Die einfarbigen Raffrollos, mit Borte und Fransen in einer kontrastierenden Farbe abgesetzt, wirken theatralisch, aber nicht dominierend. Sie unterstreichen die kühle Eleganz eines traditionell inspirierten Gesellschaftszimmers.*

dunkelrotes Rollo in einem behaglichen Studio, kombiniert mit einem drapierten, zimtfarbenen Querbehang mit Paisley-Muster, ergibt einen warmen, farbigen Akzent. Ein einfarbiges Rollo hinter einem Spitzenvorhang kann sehr dekorativ sein: Bei geschlossenem Rollo zeichnet sich die Spitze effektvoll auf dem farbigen Untergrund ab.

FALTROLLOS

Die regelmäßigen Linien eines Faltrollos verleihen einem Raum Eleganz und Harmonie; es wirkt zurückhaltend, aber nicht streng. Wenn man es hochzieht, legt sich der Stoff in horizontale Falten, die übereinanderfallen, so daß er gut zur Geltung kommt. Ähnlich wie das Springrollo, liegt es dicht am Fenster an und ist eine ideale Lösung für Fenster, bei denen bodenlange Vorhänge unpraktisch sind.

Bei der Wahl des Stoffes sollte man vorsichtig sein, denn es gibt Muster, die nicht sehr gut wirken, wenn man sie in horizontale Falten legt. Dazu gehören vor allem florale Muster mit großformatigen Motiven und Muster mit kreisförmigen Motiven. Geometrische Muster, Streifen und Karos eignen sich besser und sind eine gute Ergänzung für einfarbige oder geblümte Vorhänge und Querbehänge. Am besten eignen sich einfarbige Stoffe, die durch ihre Oberflächenstrukturen wirken. Ein Leinenmischgewebe mit deutlicher Struktur sieht sehr elegant aus.

Die schlichte Eleganz von Faltrollos kann man durch schmückendes Zubehör betonen, das auf Vorhänge und Dekorationsstoffe abgestimmt wird. Ein Futter in einer Kontrastfarbe, das um die äußeren Kanten herumgezogen wird, wirkt wie eine adrette Bordüre; durch aufgesetzte Borten oder Stoffstreifen kann man die Paneele voneinander trennen. Eine bogenförmig ausgeschnittene Unterkante würde nicht zu den geraden Linien eines Faltrollos passen, doch kann eine zinnenförmige Kante sehr wirkungsvoll sein.

RECHTS: *Ein Raffrollo mit tief durchhängenden Bögen in einem Paisley-Muster in warmen Farbtönen, abgesetzt mi. gold- und silberfarbenen Fransen, beschwö. die reiche Innenausstattung vergangener Zeiten.*

UNTEN: *Die hübsche, frische Badezimmerausstattung in Blau und Weiß wird vervollständigt durch ein dekoratives Raffrollo, das mit einer breiten, einfarbigen Rüsche akzentuiert ist.*

Raffrollos und Wolkenrollos

Neuerdings ist das Wolkenrollo – eine üppigere Version des Raffrollos, dessen Oberkante gekräuselt oder in Falten gelegt wird – wieder in Mode gekommen. Es kombiniert die vielen praktischen Vorteile eines Rollos mit der üppigeren Wirkung eines Vorhangs. Es kann als eigenständige Fensterdekoration mit bühnenartigem Effekt eingesetzt werden und wirkt – wenn es hochgezogen ist – wie ein Querbehang. Wenn man ein Wolkenrollo zusätzlich mit Vorhängen rahmt, ergibt sich eine äußerst opulente Wirkung. Es hängt allein von der Wahl des Stoffes, von der Aufhängetechnik und vom dekorativen Zubehör ab, ob es weich und plastisch extravagant und feminin oder pompös und feierlich wirkt.

Das Wolkenrollo wird meist nicht ganz hochgezogen; man läßt einen Teil des Fensters bedeckt – eine Lösung, die sich besonders gut für hohe Schiebefenster eignet. Man kann auch die Mitte des Rollos höher hinaufziehen als die Seiten, so daß sich eine bogenförmige Unterkante ergibt, die den Ausblick rahmt. Das Wolkenrollo mit seinen aufgeblähten Raffbögen wirkt äußerst luxuriös und erinnert an die prunkvollen Fensterdekorationen aus Seide und Damast im 18. Jahrhundert.

Bei der Wahl des Stoffes ist man nicht so eingeengt wie beim Faltrollo, denn der Stoff wird nur in der unteren Partie weich gerüscht. Kühne Regency-Streifen in einem Gesellschaftszimmer wirken überaus elegant; hübsche Blumenmuster betonen die Landhausatmosphäre eines Schlafzimmers oder eines Badezimmers; ein einfarbiger Stoff betont die plastische Wirkung und eignet sich für Studios und Wintergärten.

Beim Raffrollo wird der Stil durch die Gestaltung der Oberkante mitbestimmt. Soll es in heruntergelassenem Zustand so voll wie ein gekräuselter oder ein in Falten gelegter Vorhang wirken, haben Sie die Wahl zwischen Bleistift- oder Quetschfalten. Eine dicht gerüschte Futteralkante mit überstehendem Köpfchen wäre die unkonventionellste Lösung. Wenn die Oberkante des Rollos von einem Querbehang verdeckt werden soll – diese Kombination ist sehr geeignet für einen offiziellen

Der romantische Charakter des Wintergartens wird durch die Dekoration betont: Das Rosenmuster und die Schleifengarnitur der Wolkenrollos verwandeln ihn in ein überaus feminin wirkendes Refugium.

Empfangsraum im großen Stil – reicht es, wenn Sie den Querbehang einfach kräuseln; wenn er besonders flach fallen soll, befestigt man ihn an einer Schiene, wie man sie auch für Faltrollos verwendet.

Für Wolkenrollos, deren Oberkante wie Vorhänge gekräuselt oder in Falten gelegt werden soll, wählt man am besten Vorhangstoffe wie Baumwolle, Chintz, Baumwollsatin oder Leinenmischgewebe. Sie haben die nötige Sprödigkeit und bilden bauschige Raffbögen. Mit einem Futter erzielt man vollere Bögen, und außerdem wird das Licht stärker gedämpft. Für Wolkenrollos, die mit einer Futteralkante abschließen oder an einer Schiene befestigt sind, kann man einen leichten Stoff verwenden, der ungefüttert bleibt, damit die Oberflächenqualität des Stoffes zur Geltung kommt und das Licht nur gefiltert, aber nicht gedämpft wird.

Rüschen, Volants und Fransen bieten sich förmlich als unterer Abschluß von Raff- und Wolkenrollos an. Mit einer breiten Rüsche in einem passenden Stoff läßt sich die ausgebogte Unterkante effektvoll betonen. Auch eine ausgezackte Kante oder eine schmale Spitzenbordüre, um das ganze Rollo herumgeführt, kann sehr reizvoll sein; eine Rüsche rund um das Rollo betont die feminine Note. Ein Rollo mit einer derartig extravaganten Verzierung sollte allerdings ausnahmsweise vor der Fensternische angebracht werden.

Le Comte de Baudouin,

Querbehänge und Schabracken

OBEN: *Vorbild für die Gestaltung der frühen Fensterdekorationen waren hauptsächlich die Bettvorhänge. Gegen Ende des 17. Jahrhunderts wurden die symmetrischen, in der Mitte geteilten Fenstervorhänge durch Querbehänge ergänzt, wie sie beim Vierpfostenbett üblich waren. Das Gemälde* Lady at her Toilet *von 1670 zeigt im Hintergrund ein Vierpfostenbett mit einem glatten, fransenbesetzten Querbehang, der in Material und Farbe mit den Bettvorhängen übereinstimmt.*

VORHERGEHENDE DOPPELSEITE: *Ein Querbehang – ob mit Rüschen oder Fransen besetzt, ob gefältet oder glatt – ist immer eine elegante Ergänzung für eine attraktive Fensterdekoration. Er kann auch als Merkmal für eine bestimmte Stilepoche eingesetzt werden. Der Querbehang mit der zickzackförmigen Unterkante wurde von den Entwürfen für den »Royal Pavilion« in Brighton inspiriert, und man fühlt sich unwillkürlich in die Zeit des Regency zurückversetzt.*

Querbehänge und Schabracken – ob elegant oder romantisch, ob extravagant oder theatralisch – sind ein höchst wirkungsvolles Element der Fensterdekoration. Es gibt eine enorme Vielfalt von Schabracken und Querbehängen. Schabracken sind entweder aus Holz, vergoldet, bemalt oder geschnitzt oder bestehen aus einem phantasievoll geschnittenen, stoffbezogenen Holzbrett. Querbehänge sind rein stoffliche, kunstvoll drapierte und mit Posamenten verzierte Kreationen, teils mit lose herabfallenden Stoffbahnen an den Enden. Durch Schabracken und Querbehänge erhält die Fenstergestaltung den letzten Schliff, ganz gleich, ob man sie allein und ohne Vorhänge oder als Teil der Fensterdekoration verwendet.

Die historische Entwicklung

Seit man gegen Ende des 17. Jahrhunderts die Vorhänge in der Mitte des Fensters geteilt hatte, wurden sie in begüterten Häusern zum dekorativen Ausstattungselement. Kurz danach kamen die Querbehänge auf; sie sollten die dekorative Wirkung der Fensterverkleidung steigern und gleichzeitig die einfachen Gardinenstangen und Ringe verdecken, an denen die Vorhänge befestigt wurden. Die Erfindung des Querbehangs war jedoch keine spontane Eingebung; er gehörte schon lange vor dieser Entwicklung zur Raumdekoration.

Viele Jahrhunderte lang war das Bett das beherrschende Element des Interieurs – meist handelte es sich um ein monumentales Vierpfostenbett mit Vorhängen aus Tapisserien, Seidendamast oder Wollkammgarn, überspannt von einem Betthimmel, an dem die Bettvorhänge befestigt waren. Um den oberen Teil des Rahmens lief ein reich verzierter Querbehang, der die Ringe, an denen die Vorhänge befestigt waren, verdecken sollte. Diese nützliche Funktion lieferte den Vorwand für die späteren, verschwenderisch dekorierten Querbehänge.

Die Bettvorhänge hatten vor allem die Funktion, für Wärme zu sorgen und die private Sphäre abzuschirmen. Da das Bett häufig in einem Raum stand, der auch als Speise- und Empfangszimmer benutzt wurde und der darüber hinaus Mittelpunkt der häuslichen Aktivitäten war, dienten die Bettvorhänge auch der Repräsentation und wurden zum wichtigen Statussymbol. Die überaus luxuriösen Prunkbetten in den königlichen Residenzen und Adelsschlössern waren mit Draperien aus den opulentesten Seiden- und Samtstoffen geschmückt. Durch festonartig drapierte Raffbögen, die von Goldkordeln und Borten gehalten wurden, kam der Fall der kostbaren Stoffe besonders gut zur Geltung. Als die geteilten, symmetrischen Fenstervorhänge in Mode kamen, übernahm man den Querbehang einfach von der Bettdekoration und dekorierte nun auch die Fenster damit.

Die geteilten Vorhänge waren ursprünglich aus leichten Seiden- und Leinenstoffen, aber seit man den Querbehang auch für die Fensterdekoration verwendete, wurden Fenster- und Bettvorhänge häufig aus dem gleichen Stoff angefertigt, wobei man sich meist für die schwereren, reicheren Gewebe entschied, die zuvor der Bettdekoration vorbehalten waren. Es dauerte jedoch noch eine Weile, bis die Querbehänge der Fenster ebenso verschwenderisch gestaltet wurden wie die der Betten; die ersten Exemplare waren gerade und ohne Verzierungen, während man in klassizistischen Interieurs gern geschnitzte, zum Teil vergoldete Holzschabracken verwendete.

Erst die französischen »tapissiers« des Empire machten im 18. Jahrhundert aus den Querbehängen die bauschigen, festonartig drapierten Dekorationen mit Schleifen und Rosetten an den Raffpunkten und kurzen oder langen, frei herabfallenden Stoffbahnen. In den eleganten Interieurs verschwanden die knappen, kastenförmigen Schabracken, und der neue, modische Trend der kunstvoll gebauschten Drape-

rien griff auf die gesamte Fensterdekoration über. Der drapierte Querbehang war nicht mehr das dekorative I-Tüpfelchen. Dieser neue Einrichtungsstil breitete sich in kurzer Zeit über ganz Europa und, jenseits des Atlantik, in den Vereinigten Staaten aus.

Einfachere Versionen des Querbehangs im Empirestil bestanden aus einem locker über eine Gardinenstange drapierten Stück Stoff. Solche Drapierungen, die von Zeitgenossen häufig als »unfertig« kritisiert wurden, waren eine unkonventionelle, aber stilvolle Art, die Qualitäten und Farben der Taftseiden und Damaststoffe ins rechte Licht zu setzen.

Zu Beginn des 19. Jahrhunderts kamen festonartig drapierte Querbehänge mit tief durchhängenden Raffbögen in Mode. Sie wurden häufig als einzige Fensterdekoration verwendet. 1808 bestellte Thomas Jefferson für Monticello, seinen Wohnsitz in Virginia, den er selbst entworfen hatte, »Draperien als oberen Abschluß für 4 Fenster ..., da wir keine Vorhänge wünschen«.

Um 1840 kam der »Lambrequin« in Mode; es handelte sich um einen flachen, in Form geschnittenen Querbehang aus Stoff, der in allen gängigen Neo-Stilen des 19. Jahrhunderts in Erscheinung trat. Der Haupttyp schloß an der Oberkante mit einem flachen Bogen oder in gerader Linie ab, und die langen Seitenteile reichten fast bis zum Boden; er umrahmte das Fenster und dämpfte das Licht. Der »Lambrequin« mit seinen bizarren Formen, überreich mit Quasten, Borten und Fransen verziert, war ein wichtiger Bestandteil der mehrschichtigen Fensterdekorationen jener Zeit.

Zu den Querbehang- und Schabrackentypen, die im 19. Jahrhundert gebräuchlich waren, gehörten die flachen, glatten Querbehänge, die hinter den Vorhängen und der Gardinenstange befestigt wurden, und die geschnitzten, vergoldeten Schabracken, die nach 1850 wieder zu Ehren kamen und äußerst pompös wirkten. Daneben gab es all die anderen Querbehangformen aus Stoff mit teils sehr komplizierten Drapierungen, frei fallenden Seitenteilen, Kordeln, Fransen und Borten. Auch die »raised drapery« kam in Mode, eine Draperie aus mehreren Raffbögen, die an einer zweiten Gardinenstange, oberhalb der Hauptvorhangstange, angebracht wurde.

In der Edwardian-Epoche löste die Abkehr von dem prätentiösen und pompösen spätviktorianischen Dekorationsstil eine neue, schlichtere Moderichtung aus: Die

OBEN: *Das Nonplusultra einer eleganten Fensterdekoration im 18. Jahrhundert war ein fransenbesetzter Querbehang, der die Vorhänge ergänzte und sich – wenn er hochgezogen wurde – zu durchhängenden Raffbögen mit lose herabfallenden Stoffenden zusammenfaltete. Kunstvoll drapierte Fensterarrangements waren in den Vereinigten Staaten genauso beliebt wie in Europa; diese Darstellung von 1793 zeigt ein Interieur im Haus von John Phillips, einem Geschäftsmann aus New Hampshire.*

LINKS: *Querbehänge im Empirestil, hier in einer zeitgenössischen Illustration von 1815–20, waren oft äußerst komplizierte Gebilde, die das ganze Können des Tapezierers erforderten. Mit ihren kräftigen Farben und verschwenderischen Verzierungen bildeten sie einen auffallenden Kontrast zu den weich drapierten Spitzengardinen.*

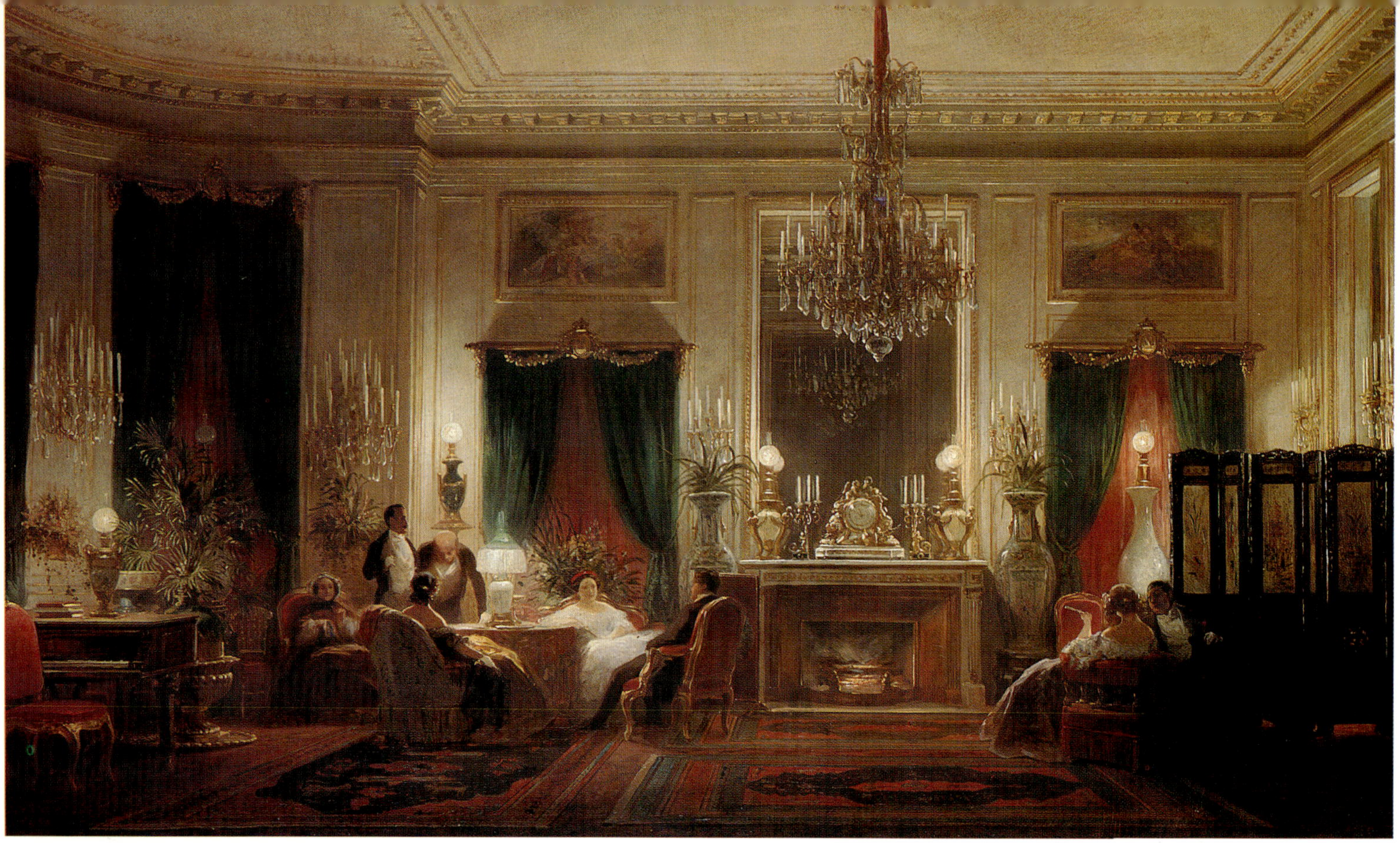

Um 1840 löste der Lambrequin die drapierten Querbehänge mit Raffbögen ab; es handelte sich um einen mit Quasten verzierten Querbehang mit Seitenteilen.

Querbehänge wurden in Falten gelegt oder gekräuselt – heute ein unverkennbares Merkmal des Queen-Anne-Landhausstils. Sie wurden gewöhnlich aus dem gleichen Stoff wie die Vorhänge angefertigt und waren nicht fülliger als die Vorhänge selbst. Sie wurden niemals allein verwendet, sondern bildeten stets den harmonischen Abschluß einer Fensterdekoration. Später, im 20. Jahrhundert, ließen sich einflußreiche Innenausstatter wie John Fowler von präviktorianischen Dekorationen inspirieren; sie ließen die gerafften und festonartig drapierten Querbehänge des Regency und des Empire nach historischen Vorbildern wiedererstehen. Auf ihre Kreationen greifen viele zeitgenössische Innenausstatter zurück.

Die Stilarten

Bei der Gestaltung eines Querbehanges sollte man daran denken, daß er zur angestrebten Atmosphäre des Raumes und zum Stil der übrigen Fensterdekoration passen muß. Flache oder kastenförmige Schabracken passen gut zu knapp geschnittenen Vorhängen; gerüschte oder gekräuselte Querbehänge wirken weicher; Querbehänge mit Raffbögen und lose fallenden Enden können für sich allein genauso wirkungsvoll sein wie als Teil einer eleganten, bühnenartigen Fensterdekoration. Gleichgültig, welchen Stil Sie wählen, wichtig ist vor allen Dingen die Länge des Querbehangs. Die viktorianischen Lambrequins nahmen häufig ein Viertel der Fensterlänge ein – die heutigen Kreationen sind weniger dominierend. Drapierte Querbehänge dürfen jedoch verhältnismäßig lang sein – vor allem, wenn man sie als einzige Fensterdekoration verwendet. Kurze Vorhänge wirken besser, wenn sie mit kurzen Querbehängen kombiniert werden.

Ein weiterer wichtiger Faktor ist die Wahl des Materials. Die traditionelle Lösung sieht für Vorhänge und Querbehänge den gleichen Stoff vor; es gibt allerdings auch Dekorationsstile, die Kontraste erfordern. Ein gemusterter Stoff mit glatter Ober-

LINKS AUSSEN: *Auf dieser Abbildung des Salons der Prinzessin Mathilde zeigt sich der ganze Pomp und die Pracht der Innenausstattung, die man um die Mitte des 19. Jahrhunderts gern zur Schau stellte. Der Schimmer der festonartigen, geschnitzten und vergoldeten Zierblenden bringt die tiefen Grün- und Rottöne zum Leuchten.*

LINKS: *Die Oberkante des breiten Querbehangs aus Baumwollstoff in einem Bloomsbury-Muster ist in Dreifachfalten gelegt, die mit den Falten der Vorhänge darunter verschmelzen – eine reizvolle Gestaltung für französische Fenster.*

UNTEN: *Eine dezente, in akkurate Falten gelegte Fensterverkleidung. Die Unterkante des Querbehangs verläuft in sanftem Bogen und schwingt an den Seiten nach unten. Die exakt gelegten Quetschfalten setzen sich in den Falten der eierschalenfarbenen Seitenschals fort.*

fläche – zu einer kastenförmigen Schabracke verarbeitet – wirkt ganz anders als in einem weichfallenden Vorhang. Hier entsteht durch die unterschiedliche Raumausdehnung ein Kontrast, den man noch verstärken kann, wenn man für die Schabracke einen uni Stoff in einer Farbe aus dem Vorhangmuster oder in einem abweichenden Muster wählt. Es kann auch sehr wirkungsvoll sein, wenn man Stoffe mit verschiedenem Gewicht verwendet. John Fowler entwarf eine Fensterdekoration, bei der der Querbehang aus *toile de Jouy* (ein handbedrucktes Leinengewebe mit einfarbigen Motiven, ländliche Idylle darstellend) war und die Vorhänge aus gestreiftem Baumwollstoff. Ähnlich kontrastreich und dramatisch wirkt ein drapierter Querbehang aus schwerem Brokat in satten Farben in Verbindung mit leichten, lichtdurchlässigen Gardinen.

Gekräuselte und in Falten gelegte Querbehänge

Wenn man bei Querbehängen die Aufhängetechnik von Vorhängen verwendet – sie entweder kräuselt oder in Falten legt –, entsteht im allgemeinen eine weiche Atmosphäre. Dennoch kann man damit viele verschiedene Effekte erzielen; das hängt von der Art des Stoffes ab, von der Länge des Querbehanges, von der Faltentechnik und vom dekorativen Zubehör.

Ein schlichter, in Falten gelegter oder gekräuselter Querbehang wird im allgemeinen in Verbindung mit gekräuselten Vorhängen verwendet. Die Falten von Querbehang und Vorhängen fließen ineinander, und der weiche Fall des Stoffes setzt sich nach unten fort. Wenn man einen so unkomplizierten Stil wählt, kann man für den Querbehang ein auffallendes Muster oder einen uni Stoff in einer kräftigen Farbe wählen, ohne befürchten zu müssen, daß die Dekoration zu gewollt wirkt.

Wenn Sie einen schlichteren Querbehang, passend zu Leinenvorhängen, zu einem Leinenrollo oder zu irgend einer Fensterdekoration aus einem festeren Stoff

OBEN: *Durch die dicht gelegten, zylindrischen Bleistiftfalten, die schmale Rüsche, die sanft geschwungene Unterkante und das kleinformatige florale Muster wirken die Querbehänge besonders anmutig und geben dem Schlafzimmer im Landhausstil eine feminine Note.*

RECHTS: *Ein breiter Querbehang mit einer kontrastierenden Borte, dessen schmale Querfalten zu Rosetten gerafft wurden, bildet den dekorativen Abschluß eines graziös geschwungenen Erkerfensters, das zu einem eleganten Gesellschaftszimmer gehört, in dem sich Stile und Epochen mischen.*

brauchen, sind Kellerfalten das richtige. Sie sind dekorativ, ohne verspielt oder feminin zu wirken und sind eine willkommene Abwechslung.

Drapierte und in Bögen geraffte Querbehänge

In Raffbögen drapierte Querbehänge mit lose fallenden Stoffenden an den Seiten gehörten schon immer zu den elegantesten und aufwendigsten Fensterdekorationen und wurden vorwiegend in Gesellschaftsräumen verwendet. Vor kurzem hat man jedoch entdeckt, daß sie sich für jeden Fenstertyp und für jeden Raum eignen. Wo immer man sie einsetzt – ob im Badezimmer oder im Empfangsraum –, sie verleihen dem Raum ein Flair von Noblesse.

Ein drapierter Querbehang kann aus einem einzigen Raffbogen bestehen – das ist

eine Woge von Stoff, die horizontal genommen und an beiden Enden so befestigt wird, daß der Stoff leicht durchhängt und ein weich geschwungener Bogen entsteht. Dieser Bogen kann nach Wunsch unterteilt oder wiederholt werden, je nach Breite und Höhe des Fensters. Die Wirkung hängt von der Menge und der Art des Stoffes ab; ein fülliger Raffbogen entsteht, wenn man viel Stoff nimmt, ein flacher Bogen entsteht, wenn man weniger Stoff verwendet und ihn nur wenig durchhängen läßt. Die losen Stoffenden an beiden Seiten kann man lang und verschwenderisch hängen lassen, man kann sie kürzen oder ganz und gar darauf verzichten.

Raffbögen lassen sich auf vielerlei Arten gestalten – am besten experimentieren Sie ein wenig, bis Sie etwas Passendes gefunden haben. Man kann einen Raffbogen in zwei Teile teilen – das betont die Mitte des Fensters –, man kann die beiden Teile so

Der glatte, dunkelgrün abgesetzte und in große Glockenfalten gelegte Querbehang ist von klassischer Eleganz (oben); romantisch wirken die Vorhänge aus saphirblauem Chintz, der weich gekräuselte Querbehang, dessen Unterkante in flachem Bogen verläuft, besteht aus dem gleichen Material (Mitte); der in runde Bleistiftfalten gelegte Querbehang mit der tief ausgebogten Unterkante in einem Blumenmuster (oben) ist ein kühner Akzent.

Eine weich fallende Drapierung aus Voile mit überdimensionalen Stoffrosetten

Querbehang mit zwei üppigen Raffbögen

LINKS: *Drapierte Querbehänge mit Raffbögen geben jeder Fensterdekoration ein gewisses Raffinement. Die Stoffülle und die tief durchhängenden Raffbögen wirken grandios und feierlich. Wenn Sie ein elegantes, aber weniger konventionelles Interieur kreieren wollen, nehmen Sie ein Stück Stoff, werfen es über eine Gardinenstange und lassen die Stoffenden lose herunterhängen. Querbehänge können auch aus mehreren Drapierungen bestehen und mit allem möglichen Zubehör – Stoffrosetten, Fransenborten oder einem kontrastierenden Futter – verziert werden.*

Drapierter Querbehang mit zwei durchhängenden Raffbögen

Lose drapierter Querbehang mit kontrastierendem Futter

RECHTS: *Raffbögen sind nicht unbedingt den repräsentativ eingerichteten Gesellschaftszimmern oder Speisezimmern vorbehalten. Durch die lebhaft gestalteten Querbehänge im Regency-Stil gewinnt das Schlafzimmer eines Landhauses optisch an Höhe und erhält ein würdevolles Gepräge; durch die Schleifen und die bauschigen Stoffrosetten bekommen die luxuriös auf dem Fußboden schleifenden Vorhänge den letzten Pfiff.*

LINKS: *Sorgfältig drapierte Raffbögen und Faltenkaskaden sind sehr effektvoll und überall dort angebracht, wo lange Vorhänge nicht erforderlich sind. Hier, an den Treppenhausfenstern, wirken sie wie Theatervorhänge; der karmesinrote Stoff hat ein geometrisches Muster in Grau.*

RECHTS OBEN: *Die pastellfarbene Fensterdekoration eines Gesellschaftszimmers wirkt leicht und elegant, der Querbehang ist in zwei lockere Raffbögen gelegt und mit einer kurzen Fransenborte in Aquamarin abgesetzt.*

RECHTS UNTEN: *Feste, mit Stoff bezogene Schabracken kontrastieren mit dem weichen Faltenwurf der Vorhänge. Die kastenförmigen Schabracken aus jadegrünem Damast mit der ausgebogten Unterkante betonen den konventionellen Charakter der Speisezimmerausstattung.*

drapieren, daß sie sich überschneiden, oder man kann einen einzigen Raffbogen über einen gekräuselten Querbehang legen und ihn auf jeder Seite mit einer riesigen Stoffrosette fixieren.

Für Raffbögen läßt sich jedes Vorhang- und Schabrackenzubehör verwenden, und man kann sie leicht selbst herstellen. Man kann sie an einem versteckten Schabrackenbrett befestigen und die Befestigung mit einer Profilleiste oder einer geschnitzten Blende verdecken. Das wirkt elegant und stilvoll und paßt gut in ein formelles Interieur. Man kann den Stoff natürlich auch über eine Gardinenstange drapieren und beide Enden lose herunterfallen lassen. Wenn man ein frisches, helles Druckmuster mit einem kontrastierenden Futter wählt, wird das Fenster herausgehoben, ohne daß es überdekoriert wirkt.

Ein drapierter Querbehang mit Raffbögen und lose fallenden Seitenteilen wird zwar meist als Teil einer Fensterdekoration verwendet, kann aber auch gut für sich allein bestehen. Er ist besonders dort angebracht, wo Vorhänge nicht erforderlich sind, das Fenster aber eine Dekoration erfordert – zum Beispiel auf einem Treppenabsatz. Auch in einem Badezimmer kann ein Stück feiner Musselin, der – von einer Rosette in der Mitte ausgehend – in zwei Bögen drapiert wird, dem Raum Eleganz und Charme verleihen, ohne allzu feierlich zu wirken. Wenn ein Fenster für bodenlange Vorhänge zu klein ist, nehmen Sie sich die Mode der georgianischen Epoche zum Vorbild, wählen Sie einen Querbehang mit drapierten Raffbögen und darunter ein Rollo, das nachts heruntergezogen wird und am Tage als Sonnenschutz dient; die losen Enden des Querbehanges lassen Sie bis auf den Boden fallen – zuziehen lassen sie sich natürlich nicht. Diese Lösung hat außerdem noch einen praktischen Aspekt: Auf diese Weise kann man mit viel weniger Stoff die Wirkung von Seitenschals erzielen. Man kann den Stoff auch nur an einer Seite lose herunterhängen lassen. Auch an zwei nebeneinanderliegenden Fenstern kann eine solche Dekoration sehr reizvoll wirken.

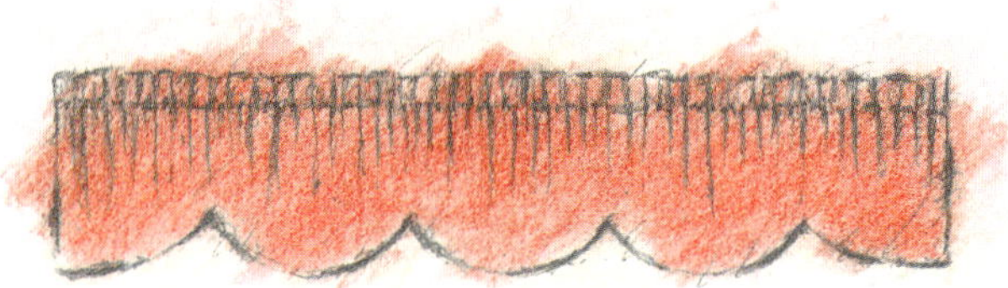

Querbehang mit gekräuselter Oberkante und bogenförmiger Unterkante

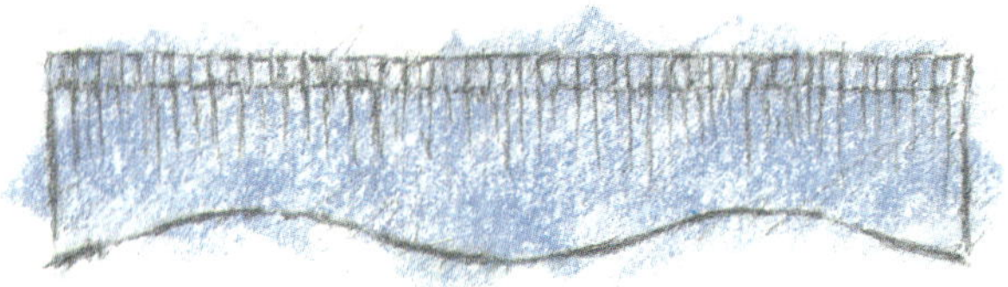

Querbehang mit gekräuselter Oberkante und sanft kurvierter Unterkante

Kastenförmige Schabracke mit zinnenförmiger Unterkante

Kastenförmige Schabracke mit zickzackförmiger Unterkante und Quasten

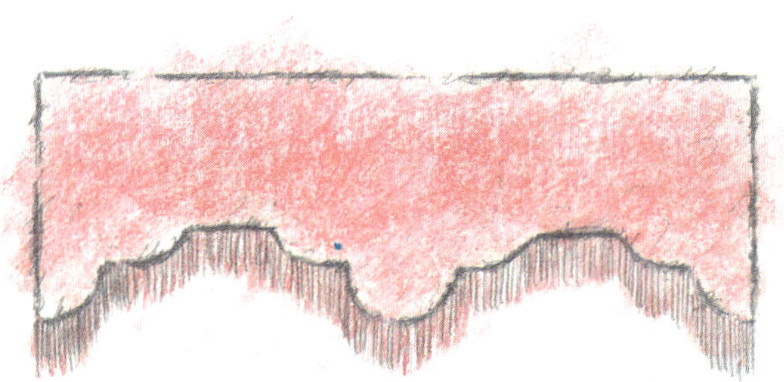

Kastenförmige Schabracke mit phantasievoll gestalteter Unterkante und Fransenbesatz

Kastenförmige Schabracke mit Quetschfalten

Schabracken aus festem Material und Schabracken mit architektonischem Dekor

Holzschabracken – geschnitzt, bemalt, vergoldet, gebeizt oder poliert – kamen im 19. Jahrhundert in Mode. Seither wurden sie entweder als Ersatz für Querbehänge aus Stoff oder in Verbindung mit ihnen verwendet.

Wenn man den Dekor der Holzschabracken auf den Dekor der Gesimse, der Profilleisten, der Kaminverkleidung oder der geschnitzten Bilderrahmen abstimmt, spielt es keine Rolle, ob die Schabracken schlicht oder reich verziert sind. Löwenköpfe, Wappenschilder, Blattmuster, Voluten, Rosetten, figürlicher Schmuck oder antike griechische Motive – alles ist möglich. Die einzige Voraussetzung ist, daß der Dekor mit den architektonischen und sonstigen Schmuckmotiven im Raum harmoniert. Man kann zum Beispiel ein einzelnes Motiv – wie ein Lorbeerblatt – in die Profilleiste am oberen Teil der Fensterrahmung einlassen und einen dicht gerüschten Stoffächer daran anbringen, der so zum Querbehang wird; eine zusätzliche Vergoldung würde dem Ganzen einen Hauch von Grandeur verleihen.

Eine weitere Alternative wäre eine feste, mit Stoff bezogene Schabracke in Form eines Triumphbogens. Als unteren Abschluß könnte man einen gotischen Spitz-

LINKE SEITE: *Die mit klassischen Motiven bemalte Schabracke hat architektonischen Charakter; sie bringt die warme Farbigkeit und den reichen Faltenwurf der Seidenvorhänge in dunkelgetöntem Orange voll zur Geltung.*

LINKS: *Die Schabracke mit der zinnenförmigen Unterkante ist mit einem cremefarbenen, schwarzbraun gemusterten Stoff bezogen und mit einer schwarzbraunen Kante abgesetzt, die die stilisierte Form unterstreicht. Eine angemessene Lösung für ein traditionell eingerichtetes Arbeitszimmer mit maskulinem Charakter.*

UNTEN: *Wenn der Platz nicht ausreicht, um einen Querbehang anzubringen, kann ein »falscher« Querbehang eine sehr hübsche Lösung sein. Hier wurde für Vorhang und Querbehang der gleiche Stoff verwendet und mit einer kontrastierenden Borte abgesetzt. Der falsche Querbehang wurde zusammen mit dem Vorhang an Ringen befestigt und an einer herkömmlichen Gardinenstange aus Holz aufgehängt.*

bogen, einen Rundbogen oder einen orientalisch inspirierten Bogen wählen. Die Seitenschals, die die »Stützen« des Bogens darstellen, könnten mit Pompons oder Quasten verziert werden. Die »Triumphbogen-Architektur« der Schabracke könnte die Schmuckmotive der Architektur reflektieren. Sind in der Architektur keinerlei Schmuckmotive vorhanden, kann das durch eine entsprechende Gestaltung der Schabracke nachgeholt werden – dadurch gewinnt der Raum an Charakter. Noch ausgefallener und phantasievoller wäre es, wenn Sie selbst einen Dekor erfinden und ihn auf die Schabracke malen. Eine solche Schabracke erfordert natürlich keine besonders dekorativen Vorhänge oder Rollos als Blickpunkt – sie selbst ist der Blickpunkt.

Falsche Querbehänge

Ein falscher Querbehang ist mit dem Vorhang verbunden, er hängt an der gleichen Gardinenstange oder ist am oberen Teil des Vorhangs angenäht. Er öffnet und schließt sich notwendigerweise mit dem Vorhang. Am besten verwendet man hierfür einen kontrastierenden Stoff oder den Stoff der Vorhänge und umrandet ihn mit einer Bordüre, die den Umriß des Querbehangs nachzeichnet.

Spitze, Musselin und Voile

Im Regency machte man sich die besonderen Eigenschaften von leichtem Musselin für asymmetrische Fensterdekorationen von außerordentlich theatralischer Wirkung zunutze. Dieser Entwurf für ein Speisezimmerfenster von 1810 zeigt ein typisches und sehr wirkungsvolles Vorhangarrangement. Hier wurde ein schwerer Stoff in einem warmen Karmesinrot mit durchsichtigem Musselin kombiniert; beide Vorhänge überkreuzen sich und werden von tief angebrachten Raffarmen gehalten, so daß langgezogene Bögen entstehen.

VORHERGEHENDE DOPPELSEITE: *Zarte Spitze, feiner Musselin und leichter Voile – ob als dekorativer Store oder als weiche Drapierung – legen einen transparenten Schleier vor die Aussicht, und ihre delikaten Muster filtern das Sonnenlicht.*

Spitze ist vom Material her das zarteste und dekorativste Gewebe – durch ihre interessante Struktur, ihre filigranen Muster und ihre Lichtdurchlässigkeit zeichnet sie feingerasterte Schattenmuster in den Raum und filtert das Licht. Auch leichter Musselin und Voile filtern das Licht, aber sie dämpfen es gleichzeitig und machen die Schatten weicher. Alle drei Stoffe schirmen gegen Blicke von draußen ab, sie verschleiern eine weniger schöne Aussicht, dämpfen grelles Sonnenlicht und lassen sich außerdem bei der Fensterdekoration sehr vielseitig verwenden.

Die historische Entwicklung

Die ersten Spitzen entstanden zu Beginn des 16. Jahrhunderts in Italien, und zwar handelte es sich um Nadelspitzen, die mit der Nadel auf Pergament oder irgendein anderes stützendes Gewebe gearbeitet wurden. Im weiteren Verlauf des 16. Jahrhunderts soll eine gewisse Barbara Ullmann aus Sachsen das Klöppeln von Spitzen erfunden haben. Bei dieser Technik werden die Fäden um Nadeln gewickelt, die in einem Kissen stecken und die Linien des Musters markieren.

Auf zahlreichen Tudor-Porträts ist handgearbeitete Spitze als Besatz von Kleidungsstücken zu sehen. Sie ziert Handgelenke, Ausschnitte und Hauben. Im westlichen Europa erreichte die Spitzenherstellung jedoch erst im 17. und 18. Jahrhundert ihren Höhepunkt. Die feinsten Spitzen kamen aus Brüssel, Mechelen, Valenciennes und Horniton – als Fensterdekoration waren sie natürlich zu kostbar.

Musselin dagegen spielt schon seit der Renaissance eine wichtige Rolle bei der Fensterdekoration. Auf holländischen Gemälden aus dem 17. Jahrhundert sieht man in den Interieurs üppig drapierte Fensterdekorationen aus besticktem Musselin. In georgianischer Zeit verarbeitete man Musselin zu dekorativen Wolkenrouleaus, die man sogar in traditionell eingerichteten, holzvertäfelten Speisezimmern aufhängte. Der Kontrast zwischen dem leichten Musselin und dem dunklen Holz erscheint uns ungewohnt, kann aber sehr attraktiv wirken.

Erst gegen Ende des 18. und zu Beginn des 19. Jahrhunderts wurde Musselin zu einem eigenständigen Material für Fensterdekorationen. Er wurde – als starker Kontrast – unter farbigen Vorhängen als Gardine verwendet und wurde zum wichtigen Bestandteil asymmetrischer Regency-Draperien; eine Musselingardine wurde zu einer Seite des Fensters zurückgebunden, ein schwerer, farbiger Vorhang zur anderen. Feiner weißer, cremefarbener oder auch roséfarbener Musselin wurde auch gern als einziger Stoff für die gesamte Fensterdekoration verwendet – zum Beispiel für Lambrequins mit extravaganten Drapierungen, die tief über die hohen Fenster heruntergezogen wurden, um das Licht zu dämpfen.

Die Massenproduktion von maschinengewebter Spitze seit der industriellen Revolution im 19. Jahrhundert machte es möglich, daß man statt des Musselins Spitze für die Ausstattung von Interieurs verwendete. Die viktorianische Leidenschaft für Drapierungen und gedämpftes Licht manifestierte sich in kunstvollen Fensterdekorationen; nicht selten wurden als Untergardinen zwei Spitzenschals genommen, die weich zu den Seiten, über Kreuz gerafft wurden. Webspitze wird noch heute in vielen Gebieten Europas als Fensterdekoration verwendet – besonders in Ländern, wo das zu grelle Sonnenlicht gedämpft werden muß. Wenn man in Paris von der Straße aus einen Blick durch die schmiedeeisernen Balkonbrüstungen wirft, sieht man alte Spitzengardinen an den Fenstern. In der Stadt dient Spitze natürlich auch als Barriere gegen fremde Blicke.

Auch durch die Nostalgiewelle, durch die der viktorianische Geschmack und das Landleben wieder in Mode kamen, ist Spitze wieder aktuell geworden. Spitze ist ein

hübscher Rahmen für jedes Cottagefenster; sie beschwört die gute alte Zeit herauf und zeichnet interessante Licht-und-Schatten-Muster in dem Raum.

Die Verwendung von Spitze, Musselin und Voile

Spitze wird aus Baumwoll- oder Leinengarnen hergestellt, gelegentlich auch aus Seide und ist gewöhnlich weiß oder elfenbeinfarben; man kann sie natürlich in jedem beliebigen Farbton einfärben. Ihre große Anziehungskraft liegt in der Musterung; sie reicht von filigranartigen Rokokomustern und kleinen, schleifengeschmückten Bouquets bis zu großformatigen Motiven. Handgearbeitete Spitze ist noch immer ein kostspieliger Luxus, ihre Verwendung als Fensterdekoration ist daher begrenzt; aber maschinell gefertigte Webspitze kann genauso attraktiv sein und läßt sich vielseitig verwenden. Die bekanntesten Arten sind die Nottingham-Spitze, die auf dem Jacquard-Webstuhl gewebt wird, und die Madras-Spitze, ein feines, gazeartiges Gewebe. Diese Spitzen sind auch in breiten Abmessungen zu haben, die sich für Vorhänge, Gardinen oder halblange Caféhausgardinen verwenden lassen. Stärkere Spitzen eignen sich auch für Rollos.

Mit Spitze läßt sich gut experimentieren. Wenn man sie in Verbindung mit drapierten Querbehängen oder Seitenschals aus schwereren Stoffen verwendet, liegt der Reiz im Kontrast der Materialien. Die traditionelle Verwendungsart, die an das Regency oder an die viktorianische Epoche erinnert, ist die lange Untergardine, die man zuziehen kann, um das grelle Tageslicht zu dämpfen, während die schwereren

OBEN LINKS: *Ein Berliner Interieur um die Mitte des 19. Jahrhunderts zeigt ein großzügiges Arrangement aus mehreren Schichten von Musselin in blaßestem Rosa und Weiß, die – zu Bögen gerafft – von Stoffrosetten gehalten werden. Dadurch entsteht ein merkwürdig flirrender Effekt, der die lichtdurchlässige Eigenschaft des Materials voll zur Geltung bringt. Die schwingenden Linien dieser delikaten Fensterdekoration werden von einer grünen Fransenborte, Quasten und Raffhaltern aus grüner Kordel wirkungsvoll nachgezeichnet.*

OBEN: *Diese Studie von W. S. Gilman, die eine Unterhaltung am Frühstückstisch darstellt, zeigt die liebreizende Wirkung von Spitze in Kombination mit Druckstoffen. Spitze wurde in vielen edwardianischen Interieurs als dekoratives Zubehör für Tische, Stuhlbezüge und Fenster verwendet.*

RECHTS: *Ein Spitzenstore und ein einfaches Springrollo machen sich gut als Fensterverkleidung für eine altmodische Küche mit starker Sonneneinstrahlung. Die Spitze wirft ein hübsches, gerastertes Schattenmuster auf den Fußboden.*

UNTEN: *Der Spitzenüberwurf verleiht den Vorhängen aus saphirblauem Chintz eine feminine Note. Gegen die Sonne zeichnet sich das delikate Muster der Spitze auf den Vorhängen ab.*

RECHTE SEITE: *Ein kunstvoll drapierter Querbehang aus Musselin, der in der Mitte von einer aufgeplusterten Stoffrosette gehalten wird, ist eine einfache, aber stilvolle Fensterdekoration, die die helle, frische Atmosphäre des Badezimmers unterstreicht.*

Seitenschals geöffnet bleiben. Auch Caféhausvorhänge, die bis zum Fensterbrett reichen, oder Scheibengardinen lassen sich in Verbindung mit Seitenschals verwenden, besonders wenn unter dem Fenster ein großes Möbelstück – etwa ein Sofa – steht.

Spitze allein, als glatt hängende Gardine verwendet, verändert die Aussicht durch ihre delikate Musterung – etwa so, als ob man durch ein sandstrahlmattiertes Glas blickt. Spitze ist auch für über Kreuz hängende, geraffte Vorhänge oder für mehrschichtige Fensterdekorationen geeignet – hier liegen mehrere Muster übereinander und die Schattenwirkung wird intensiviert. Ein Spitzenüberwurf über einem einfarbigen, ungefütterten Vorhang wirkt sehr dekorativ – wenn das Tageslicht durchscheint und die darunterliegende Farbschicht durch das Muster der Spitze belebt wird.

Mit Musselin, gepunktetem Voile, bestickten, netzartigen Geweben oder mehreren Schichten von Tüll oder Gaze läßt sich zum Teil die gleiche Wirkung erzielen wie mit Spitze, nur ergeben sich hier keine so delikaten Effekte. Diese Materialien sind locker gewebt und lichtdurchlässig; sie sind ideale Lichtfilter und verbreiten ein diffuses Licht im Raum. Sehr elegant und hübsch sieht es aus, wenn man sie in einfachen Bögen über eine Gardinenstange drapiert und die losen Enden rechts und links herunterhängen läßt oder sie – im Empire-Stil – zu einer üppigen Rosette rafft.

Spitze und Voile eignen sich besonders für französische Fenster, für Dachgauben und Flügelfenster und überall dort, wo man den Raum vor Blicken von außen schützen will. Beide Materialien lassen sich gut zu praktischen Scheibengardinen verarbeiten, die beim Öffnen des Fensters nicht stören.

Wegen ihrer extremen Leichtigkeit können die Oberkanten von Spitzen-, Musselin- oder Voilegardinen sehr einfach gestaltet werden. Man kann sie leicht ankräuseln und sie an kleinen Ringen befestigen und an einer Gardinenstange aufhängen oder sie mit einer Futteralkante aufmachen und auf einer dünnen Gardinenstange zu einer dichten Rüsche zusammenschieben. Spitzengardinen wirken besonders feminin, wenn man sie in einem Schlafzimmer mit Bändern, Schleifen oder Schlaufen an einer Gardinenstange befestigt.

Ungewöhnliche Fensterformen

Fenster mit gotischen Spitzbögen, Fächerfenster im georgianischen Stil oder elegante Rundfenster erfordern besonders sorgfältige Überlegungen – aber eigentlich braucht man nur einen originellen Einfall, um die Schönheit so ungewöhnlicher Fensterformen zur Geltung zu bringen. Rollos wirken besonders elegant an Bogenfenstern. Das Faltrollo, das die breiten Bogenöffnungen des Fensters ausfüllt, wirkt wie eine Markise.

VORHERGEHENDE DOPPELSEITE: *Die elegant geschwungenen Bögen dieser in die Dachschräge eingeschnittenen Fenster werden durch die dicht gekräuselte Oberkante der Vorhänge betont.*

Es gibt Fenstertypen, deren Dekoration besondere Sorgfalt erfordert, sei es wegen ihrer Größe, ihrer Form oder ihrer Asymmetrie. Welche Dekoration zu welchem Fenster paßt, dafür gibt es keine allgemein gültigen Regeln. Jedes Fenster muß individuell und im Zusammenhang mit seiner Umgebung behandelt werden. Mit ein wenig Erfindungsgabe kann man eine Standardlösung in eine lebendige und aufregende Kreation verwandeln.

Das venezianische Fenster

Das venezianische Fenster mit seiner noblen, eleganten Form wird häufig mit der georgianischen und der Regency-Architektur in Verbindung gebracht, aber auch in viktorianischer Zeit tauchte es auf. Venezianische Fenster sind meist von imposanter Größe und mit dekorativen Säulen, Pilastern und reich verzierten Gesimsen geschmückt; sie befinden sich an wichtigen Stellen des Hauses, meist in der Halle oder am oberen Treppenabsatz.

Venezianische Fenster lassen sich auf vielerlei Arten dekorieren, ohne die Schönheit ihrer Form oder ihrer Details zu beeinträchtigen. Eine Möglichkeit wäre es, die Oberkante der Vorhänge der architektonischen Form anzupassen und dem Bogen zu folgen; in diesem Fall müßten die Vorhänge entweder auf gebogenen Schienen oder direkt am Rahmen angebracht werden. Am Mittelteil kann man zwei Seitenschals anbringen und sie sehr hoch zu den Seiten zurückbinden, während man für die Seitenteile je einen einteiligen Vorhang verwendet, der sich zur Seite ziehen läßt.

Wenn das Fenster keine Vorhänge erfordert, kann ein Querbehang sehr attraktiv wirken, besonders wenn der Rundbogen des Fensters durch eine parallel geführte, bogenförmig gestaltete Unterkante des Querbehangs unterstrichen wird. Sehr aufregend wirkt ein Mix von Dekorationselementen aus verschiedenen Epochen.

Romanische Rundbögen und gotische Spitzbögen

Rundbögen sollte man betonen und am besten überhaupt nicht verdecken, damit das Licht in den Raum fluten kann und ihre Form zur Geltung kommt. Ansonsten kann jede Fensterverkleidung der Bogenform angepaßt werden. Man kann sie entweder innerhalb oder oberhalb des Bogens anbringen – wichtig ist nur, daß der Bogen frei bleibt und hervorgehoben wird. Gute Lösungen wären ein drapierter Querbehang mit lose fallenden Stoffbahnen an den Seiten oder ein Raffrollo, dessen Oberkante der Bogenform des Fensters folgt, kombiniert mit einem Springrollo. Eine etwas unkonventionelle Lösung wäre ein locker über eine Gardinenstange drapierter Stoff oberhalb des Bogens.

Mehrere Bogenfenster nebeneinander lassen sich gut mit einer fortlaufenden Draperie dekorieren, die sich über alle Bögen erstreckt. Zusätzlich dekoriert man jedes einzelne Fenster mit zurückgebundenen Seitenschals, deren Oberkante bogenförmig geschnitten ist und innerhalb der Bögen angebracht wird. Wenn Sie etwas für den Empire-Geschmack übrig haben, können Sie eine Gardinenstange in Höhe der Säulenkapitele oder am Fußpunkt der Bögen anbringen und einzelne Schals daran aufhängen, die je ein Fenster bedecken.

Spitzbögen und »gotische« Fenster, die in der Neo-Gotik der viktorianischen Epoche sehr beliebt waren, sind schwierig zu dekorieren und stellen einen manchmal vor schwierige Probleme. Das wußten schon die Viktorianer. Eine sehr einfallsreiche Lösung war damals, den unteren Teil des Fensters mit einem Rollo zu verdecken, dessen gemalter Dekor Buntglasfenster vortäuschen sollte. Die beste Alternative ist vielleicht, die Gardinenstange hoch über dem Fenster anzubringen, so daß das Fenster von den Vorhängen gerahmt, aber nicht verdeckt wird.

Die Eleganz dieses Rundfensters mit den schmalen Sprossen wird durch das originelle Raffrollo betont, das hoch über dem Fenster angebracht ist und das Fenster eher rahmt als abdeckt. Die obere Kante des Rollos ist mit Schleifen in Apfelgrün verziert, eine Farbe aus dem Streublümchenmuster des Baumwolldrucks.

Runde Fensterformen

Runde, ovale und achteckige Fenster sind heute sehr selten, kamen aber zuweilen in georgianischen Häusern vor – etwa um eine Treppe mit Licht zu versorgen im oberen Teil einer Wand. Diese Fenster sind zum Teil eigenständige architektonische Schmuckelemente; sie bestehen aus kleinen, schön geschliffenen Glasscheiben in verschiedenen Formen, die zu Mustern zusammengesetzt sind und von schmalen Holzsprossen gehalten werden. Meist besteht kein Grund, so ein Fenster zu dekorieren, vor allem, weil dadurch die Details verdeckt werden könnten. Man kann allenfalls die Form durch einen drapierten Querbehang oder ein Wolkenrollo zur Geltung bringen. Das sollte allerdings in der Mitte höher gerafft werden als an den Seiten, damit der untere Abschluß einen Bogen bildet.

Lunettenfenster kommen ebenfalls recht selten vor. Wenn überhaupt, sind sie in den oberen Stockwerken zu finden. Eine Möglichkeit, solche Fenster zu dekorieren, wäre, die Oberkante der Vorhänge bogenförmig zu gestalten und sie an einer gebogenen Schiene innerhalb des Bogens oder direkt am Fensterrahmen anzubringen; an den Seiten kann man sie mit Kordeln zurückbinden. Auch Raffrollos wären eine gute Lösung.

Über Türen kommen Lunettenfenster mit kleinen, fächerartig eingesetzten Scheiben häufig vor; sie erfordern aber fast nie eine Dekoration. Ursprünglich hatten sie die Aufgabe, die Eingangshalle mit Licht zu versorgen – besonders bei Reihenhäusern, die an den Seiten keine Fenster hatten. Diese Lunetten sind sehr dekorativ, sie sind häufig mit Buntglasscheiben ausgestattet.

Erkerfenster mit eckiger und kurvierter Vorderfront

Die Erkerfenster mit eckigen und runden Ausbuchtungen variieren sehr in Größe, Stil und Form. Die graziös kurvierten, runden Erker sind meist verhältnismäßig flach; die großen eckigen Erker – die heute als Wahrzeichen viktorianischer Häuser gelten – reichen von einfachen Alkoven mit dreiteiligem Fenster bis zu den beinahe zimmergroßen Vorbauten, die sich fast über die ganze Raumbreite erstrecken.

Heutzutage gibt es rund und eckig gebogene Schienen, so daß man die Dekoration des gesamten Erkers als Einheit behandeln kann. Auch Gardinenstangen gibt es in eckig abgewinkelter Form. Wenn man die Gardinenstange so lang wählt, daß sie über die Fensterrahmen hinausreicht, lassen sich die Seitenschals so weit öffnen, daß die gesamte Lichtfülle erhalten bleibt. Größere und tiefere Erker lassen sich gut mit je einem Seitenschal rechts und links vom Erker dekorieren und mit zwei weiteren Seitenschals, die das Erkerfenster selbst rahmen. Wenn man die äußeren Seitenschals öffnet, markieren die Schals am Mittelteil die Ecken des Erkers und geben ihm optisch mehr Tiefe.

Die Vorhänge am Erker müssen nicht unbedingt dicht am Fensterrahmen hängen. Man kann die Gardinenstange so anbringen, daß sie den Erker von Ecke zu Ecke überspannt und der Erker – bei zugezogenen Vorhängen – vollständig verdeckt ist. Man kann den Erker auch mit »falschen« Seitenschals rahmen, die sich nicht zuziehen lassen, und die einzelnen Fenster mit Spitzenschals oder Rollos dekorieren. Eine andere Möglichkeit wäre, einen Stoff lose über eine Gardinenstange zu drapieren oder einen Querbehang anzubringen, der die ganze Nische überspannt; die einzelnen Fenster könnte man dann mit Rollos ausstatten – etwa in einer kontrastierenden Farbe oder in einem abweichenden Muster.

Französische Fenster

Französische Fenster sind verglaste Türen, die sich auf einen Balkon, zum Garten oder zur Terrasse öffnen. Sie werden häufig durch einzelne Fensterflügel an den Seiten oder durch kleine Fenster darüber ergänzt, so daß eine mehr oder weniger geschlossene Fensterwand entsteht.

Französische Fenster kann man genauso behandeln wie jedes andere große Fenster, man muß nur darauf achten, daß sich die Türen leicht öffnen lassen: Querbehänge und Vorhänge müssen hoch genug angebracht werden, und die Vorhänge müssen an den Seiten genügend Abstand vom Rahmen haben. Leichte Gardinen, die auf schmalen Gardinenstangen gekräuselt werden, Spitzenschals oder Springrollos, die sich zusammen mit dem Fenster öffnen, kann man direkt am Rahmen befestigen. »Falsche« Seitenschals können als zusätzliche Dekoration verwendet werden.

Flügelfenster und Dachgauben

Das Flügelfenster ist eine althergebrachte Fensterform; es erinnert an Cottages auf dem Lande. Es läßt sich wie eine Tür entweder nach innen oder nach außen öffnen. Flügelfenster sitzen häufig in tiefen Fensternischen zwischen dicken, alten Mauern. Sie sind meist sehr schmal, haben eingesetzte Scheiben aus Flachglas oder bleiverglaste Scheiben und lassen wenig Licht in den Raum.

LINKS: *Ein stark ausgebuchteter Erker läßt sich gut als eigenständiger, kleiner Raum behandeln; hier wurden Vorhänge angebracht, die Erker und Hauptraum voneinander trennen. Die Fenster dieser großzügigen Frühstücksecke haben nur einfache Rollos mit Streublümchenmuster.*

UNTEN: *An französischen Fenstern sollte man die Vorhänge so weit seitlich anbringen, daß sich die Vorhänge ohne Schwierigkeit öffnen lassen. Der in Quetschfalten gelegte Querbehang, die Vorhänge und die Schärpen, mit denen sie zurückgebunden sind, werden durch die schmale Einfassung in Burgunder zu einer Einheit, die den Ausblick in den Garten rahmt.*

Man sollte darauf achten, daß die Dekoration von Flügelfenstern nicht das Öffnen der Fenster beeinträchtigt. Sie sollte – passend zum Stil des Fensters – leicht und unkonventionell sein. Bei Flügelfenstern, die sich nach innen öffnen lassen, kann man gerüschte Scheibengardinen auf dünne Stangen spannen, die direkt am oberen und am unteren Teil des Rahmens befestigt werden.

Wenn das Fenster in einer tiefen Nische sitzt und sich nach außen öffnen läßt, kann man die Gardine an einer Stange anbringen, die mit einem Scharnier am Rahmen befestigt wird. Bei geöffnetem Fenster läßt sich die Gardinenstange mit der Gardine nach innen klappen. Eine andere Art der Dekoration wäre ein Vorhang, der an einer Schiene oder einer Gardinenstange an der Wand, oberhalb der Fensternische, befestigt wird.

Dachgauben haben zuweilen schräge Seitenwände und stellen ähnliche Probleme dar. Meist ist an der Wand neben dem Fenster nicht genügend Platz, daß die Vorhänge weit genug vom Fensterrahmen angebracht werden können. Springrollos und Faltrollos sind in solchen Fällen die einfachste und beste Lösung. Einen weicheren Effekt erzielt man mit Gardinen, die bis zum Fensterbrett reichen.

Dachflächenfenster und Giebelfenster

Fenster im oberen Teil des Hauses sind häufig ins Dach oder dicht unter dem abgeschrägten Giebel eingelassen, was ihre Dekoration erheblich erschwert. Oberlichter über Treppenhäusern oder Eingangshallen müssen nicht unbedingt verkleidet werden; aber das Licht, das durch ein schräges Dachflächenfenster in eine Schlafkammer fällt, kann zuweilen sehr grell sein und sollte reguliert werden können.

Scheibengardinen aus leichtem Stoff, die direkt am Rahmen befestigt werden, haben den Nachteil, daß man sie nicht öffnen kann. Mit Springrollos läßt sich der Lichteinfall variabler gestalten. In beiden Fällen läßt sich die Fensterverkleidung mit einer zweiten, diagonal angebrachten Gardinenstange fixieren.

OBEN: *Eine der besten Lösungen für Dachgauben und tief eingeschnittene Fensternischen sind Gardinenstangen, die an Scharnieren befestigt sind und die man zusammen mit der Gardine in den Raum schwenken kann.*

RECHTS: *Hinter den symmetrischen, ausgewogenen Fassaden der frühen amerikanischen Architektur verbarg sich oft eine unorganische Anordnung von Dachgeschoßräumen. Was an der Fassade als elegantes Lunettenfenster erscheint, wurde im Innern dieser Schlafkammer eines Hauses auf Long Island mit einem quadratischen Rahmen überdeckt, da eine so extravagante Fensterform nicht in diesen unregelmäßig geschnittenen Raum passen würde. An der Oberkante des Fensterrahmens wurde ein kurzer Vorhang angebracht, der am Tage diagonal aufgeklappt wird.*

Wenn die Fenster eines Raumes in Größe und Form sehr verschieden sind, sollte man das eher betonen als verbergen. An dem schmalen Fenster zwischen den beiden breiteren wäre kaum Platz für Seitenschals; man wählte daher ein Raffrollo aus dem gleichen Stoff wie die übrigen Vorhänge. Die gleichen Querbehänge an allen drei Fenstern binden die einzelnen Fensterarrangements in das Gesamtkonzept ein.

Eckfenster

Fenster, die dicht beieinander liegen und sich an einer Ecke des Raumes treffen, kann man wie Erkerfenster behandeln. Ein Querbehang über beide Fenster und lange Seitenschals auf jeder Seite schaffen optisch eine Einheit. Wünscht man eine unkonventionellere Dekoration, sind kurze Vorhänge bis zum Fensterbrett die geeignete Lösung. Ist zwischen den beiden Fenstern genügend Platz vorhanden, kann man in der Ecke zusätzlich einen »falschen« Vorhang anbringen, das gibt – bei geöffneten Seitenschals – der Dekoration mehr Gewicht und Balance.

Verschieden grosse Fenster in einem Raum

In einem Raum mit Fenstern verschiedener Größe an der gleichen Wand schaffen Querbehänge als einzige Dekoration oder in Verbindung mit Seitenschals oder Rollos einen einheitlichen Charakter. Man kann für das kleinere und für das größere Fenster das gleiche Dekorationsschema verwenden, sollte es aber abwandeln. Wenn zum Beispiel das größere Fenster einen Querbehang mit drei Raffbögen hat, reicht für das kleinere ein Bogen. Wenn nicht genügend Platz vorhanden ist und man trotzdem eine sehr dekorative Wirkung anstrebt, sollte man für beide Fenster den gleichen Stoff wählen und das größere Fenster mit langen Vorhängen, das kleinere mit einem Rollo und »falschen« Seitenschals ausstatten.

Die dekorativen Details

OBEN: *Durch dekorative Details kann man die Proportionen eines Fensters verändern, wie dieses Gemälde von George Morland mit dem Titel* Dressing for the Masquerade *von 1785 zeigt. Eine Goldquaste in der Mitte des Fensters zwischen den weich drapierten Vorhängen reduziert die Höhe und schafft gleichzeitig einen Blickpunkt über den halbhohen Fensterläden. Für die Vorhänge und die Polster der hell gefaßten Stühle wurde der gleiche Stoff gewählt. Die Vorhänge sind mit einer Rüsche abgesetzt und werden von vergoldeten Raffarmen gehalten.*

VORHERGEHENDE DOPPELSEITE: *Der Druckstoff ist ein Reprint eines alten Stoffes. Das Muster aus vielfarbigen, schmalen Streifen und Blütenmotiven stammt von einer handbemalten Seide aus dem 18. Jahrhundert. Die Vorhänge sind mit einer karmesinroten Fransenborte aus Leinen abgesetzt und werden von viktorianischen Raffarmen mit Akanthusmotiv gehalten.*

Die enge Verbindung zwischen den wechselnden Moden der Kleidung und der Ausstattung mit Raumtextilien ist ein faszinierender Aspekt in der Geschichte der Innenausstattung. Es ist allgemein bekannt, daß die viktorianische Manier, jeden nur erreichbaren Gegenstand zu verkleiden – einschließlich Stuhl- und Tischbeinen – ihre Entsprechung in den diversen Schichten von Unterröcken, Krinolinen und Beinkleidern fand, die züchtig das weibliche Bein verdeckten. In ähnlicher Weise korrespondierten im Empire die weichfließenden, durchsichtigen Draperien mit den graziösen Linien der Kleidung – auch die Höhe, in der die Vorhänge gerafft wurden, entsprach der nach oben gerutschten Taille der Kleider.

Viele Autoren haben diese Vergleiche weitergeführt und Verbindungen zwischen Mode und Möbelgestaltung entdeckt, ja sogar zwischen Mode und Architektur. Am auffälligsten ist jedoch die Verbindung zwischen der Kleidermode und dem Stil der Fensterdekoration. Die Handwerker, die die Fensterdekorationen erfanden – die »tapissiers« –, genossen häufig die gleiche Wertschätzung wie die großen Couturiers. Von der Renaissance bis zu Beginn des 19. Jahrhunderts wurde Paris als Zentrum der Dekorationskunst und der *haute couture* betrachtet.

Farben und Muster

Da Details wie Bordüren, Fransen, Borten, Tressen und Paspeln im Vergleich zur gesamten Vorhangfläche und zu den farbneutralen Stellen eines Interieurs verhältnismäßig kleine Ausmaße haben, bieten sie eine vorzügliche Gelegenheit, lebhafte Farben zu verwenden, die als Hauptfarbe nicht in Frage kämen, weil sie zu dominierend sind. Das dekorative Detail kann in einem Farbton, passend zu einer der Farben im Hauptmuster, gewählt werden oder in einer stark kontrastierenden Farbe. Im frühen 19. Jahrhundert kombinierte man zum Beispiel schwarze Fransen und Quasten mit Musselindraperien, dadurch kamen klar definierte Linien und eine spannungsreiche Atmosphäre zustande. Auf die gleiche Art und Weise lassen sich verschiedene Muster kombinieren. Besonders wirkungsvoll ist es, wenn man Vorhänge oder Draperien in einem abweichenden Muster füttert.

Texturen

Der Kontrast von Oberflächenstrukturen ist ein weiteres wichtiges Mittel, einer Fensterdekoration mehr Tiefe und Räumlichkeit zu geben. Der matte Glanz einer Goldkordel ist ein idealer Kontrast zu der satten Farbigkeit von Samt und Baumwollsatin, während eine leichte Baumwollfranse sich wirkungsvoll von der glänzenden Chintzoberfläche abhebt. Es gibt Posamenten wie Borten und Litzen, die einer Dekoration allein schon durch ihre Textur eine interessante Note verleihen. Dazu gehört auch die Spitze, die einen sanften, weichen Effekt hat, ganz gleich, wie man sie verwendet.

Dekorative Details als Gestaltungselemente

Dekorative Details betonen den Schnitt und den Fall eines Stoffes: Schleifen, Rosetten oder drapierte Stoffrosetten an den Raffpunkten der Drapierungen oder als Ausgangspunkt von Falten unterstreichen die Fülle und den Fall eines Stoffes; Einfassungen mit Schrägband wirken akkurat und zeitlos elegant; Rüschen und Volants wiederholen den Effekt von Raffrollos. Dekoratives Zubehör kann auch die Proportionen einer Fensterverkleidung verändern. Lange Fransen an der Unter-

kante eines Vorhanges oder Querbehanges betonen die Vertikale; von der Höhe, in der die Raffhalter angebracht sind, hängt es ab, wie füllig und wie tief die Bögen der zurückgebundenen Seitenschals durchhängen.

Die Posamenten

Die Auswahl der Posamenten und der dekorativen Details erfordert nicht nur ein Auge für die Kombinationsmöglichkeiten von Farben und Texturen, sondern auch ein sicheres Stilgefühl. Heute ist eine große Auswahl von traditionellen Posamenten auf dem Markt, die zum Teil auf die Farbskalen heutiger Textilien abgestimmt sind. Durch das Angebot von modischem Zubehör wird die Auswahl zusätzlich erweitert. Antiquitätengeschäfte sind eine gute Quelle für dekorative Details aus der Zeit; Rosetten, Schleifen und weiteres Zubehör aus Stoff lassen sich leicht selbst herstellen.

Die Tapezierer, die die Innenausstattung entwarfen, ließen sich häufig von der Tagesmode der Kleidung beeinflussen; üppige Fransengarnierungen zierten im 19. Jahrhundert Seidenkleider wie Samtvorhänge. Auf dieser Darstellung eines gesellschaftlichen Ereignisses in einem französischen Château wird besonders deutlich, daß die erlesene Kostbarkeit der prunkvollen Draperien durch das Zubehör gesteigert wird. Die Goldfransen und -quasten verhelfen den Vorhängen und den Querbehängen zur Wirkung.

LINKS: *Die Opulenz der am Boden schleifenden Vorhänge in einem weichen, gebrochenen Rosa wird unterstrichen durch eine breite Brokatbordüre und schwere Quasten, die der Fensterdekoration das pompöse Flair eines Palastes verleihen.*

OBEN: *Ein drapierter Querbehang aus Chintz in einem großzügigen Rosenmuster ist mit einem Schrägband in Rauchblau eingefaßt – eine Farbe, die im Hauptmuster enthalten ist.*

Besatz und Einfassungen

Verschiedene Arten von geflochtenen Borten, Litzen, Spitzenborten oder Schrägbändern (die auch zum Paspeln verwendet werden) sind die am häufigsten für Einfassungen verwendeten Posamenten, wenn es darum geht, die Konturen von Vorhangarrangements, Querbehängen oder Rollos zu betonen. Sie werden ergänzt durch weitere dekorative Details wie Rosetten, Schleifen und Raffhalter. Borten und Litzen lassen sich auch innerhalb der Fläche einsetzen, um Paneele abzuteilen oder um Fransen und Rüschenborten zu betonen.

Einfassungen in abweichenden Mustern oder Farben werden verwendet, um einer Fensterdekoration einen einheitlichen Charakter zu geben. Die Einfassung an der Unterkante eines Querbehanges kann aus dem gleichen Stoff sein wie die Einfassung am unteren Saum oder an der Innenkante der Vorhänge. Es ist auch sehr wirkungsvoll, wenn man für die Einfassung des Querbehanges und für die Raffhalter das gleiche Muster verwendet, während Vorhänge und Querbehang einfarbig sind.

Mit Tresse und Schrägband lassen sich rohe Kanten verdecken und präsentabel gestalten. Beides eignet sich ebenso gut als zusätzlicher Besatz von Rüschen und Volants an sehr feminin wirkenden Fensterdekorationen, an stilvoll zurückgebundenen Vorhängen und sogar an schlichten Faltrollos.

Mit Fransen kann man deutliche Farbakzente setzen. Durch eine breite Goldfranse wirkt die vergoldete Blende viel breiter, während eine zweite Fransenborte aus weißer Baumwolle die Silhouette des darunter hängenden Querbehangs mit weißem Gittermuster auf rauchblauem Grund betont.

Fransen

Fransen erinnern unwillkürlich an die fülligen Draperien der viktorianischen Zeit. Damals verwendete man sie nicht nur, um Vorhänge, Rollos und Querbehänge zu verzieren, sondern auch für Kissen, Lampenschirme, Polstermöbel und Tischdecken. Aber auch schon in früheren Epochen gehörten sie zur Fensterdekoration; Fransen mit geknoteten Kordeln und Quasten wurden mit Musselindraperien kombiniert, und lange Silber- und Goldbrokatfransen zierten im 18. und 19. Jahrhundert die bogenförmigen Drapierungen und die lose herabfallenden Stoffkaskaden.

Es gibt viele Arten von Fransenborten, von den anspruchsvollen Ausführungen, die sich für prunkvolle, elegante Ausstattungen eignen, bis zu den unkonventionelleren Varianten. Die langen, dicht fallenden, seidigen Fransen sind häufig zwei- oder mehrfarbig. Man kann sie verwenden, um ein Rollo oder einen Vorhang optisch zu verlängern oder um mehr Höhe vorzutäuschen.

Fransen mit Silber- oder Goldbrokatfäden wirken schwerer; sie bestehen aus dickeren, gedrehten Kordeln aus Wolle oder Baumwolle als Grundmaterial. Sie sehen reich und prunkvoll aus und eignen sich für große, opulente Fenstergestaltungen. Je schwerer der Stoff, desto schwerer sollte die Franse sein.

Außerdem gibt es noch eine Reihe von langen und kurzen geknoteten Fransenborten mit und ohne Quasten und – als verspielte Variante – Fransenborten mit Pompons. Einige Fransenborten werden in zwei kontrastierenden Farben hergestellt, passend zu bestimmten Stoffen und Mustern.

Rüschen und Volants

Rüschen und Volants lockern die Konturen von Vorhängen und Querbehängen auf und wirken leicht und duftig. Rüschen wirken am dekorativsten an den Innenkanten von zurückgebundenen Seitenschals – sie bringen die durchhängenden Bögen besonders gut zur Geltung – und an der Unterkante von Querbehängen und Raffrollos. An diesen strategischen Punkten fallen sie besonders auf und unterstreichen den Stil der Gesamtdekoration.

Im allgemeinen sind die Rüschen aus dem gleichen Stoff wie die Vorhänge oder Rollos. Man kann aber auch stark kontrastierende Farben oder Muster verwenden oder Materialien mit interessanter Oberflächenstruktur – wozu auch Spitze zählt. Rüschen gibt es in den verschiedensten Ausführungen: als schmale Rüschen mit glattem Rand, mit augebogtem oder ausgezacktem Rand und als breite, volantartige Rüschen, die mit einer kontrastierenden Farbe abgesetzt sind.

Rüschen lassen sich auch gut mit anderem dekorativem Zubehör verbinden. Man kann die Kanten mit Paspeln oder Borten absetzen; man kann zusätzlich Schleifen, Rosetten oder andere Verzierungen aus dem gleichen Stoff an den äußeren Ecken oder in der Mitte eines Querbehanges anbringen. Rüschen an sich haben etwas Verschwenderisches, Extravagantes an sich, ihre Wirkung läßt sich zusätzlich durch die Art der Anbringung steigern. Den absoluten Höhepunkt dekorativer Verzierung erreicht man, wenn man sie in fächerartige Falten legt oder sie verdoppelt und Rüsche über Rüsche legt.

Diverse Garnierungen

Außerdem gibt es eine Unmenge von ebenso hübschen und extravaganten Garnierungen, die aus früheren Stilperioden stammen. Die Festons und bogenförmig gerafften Drapierungen des Regency wurden gern mit dicken Stoffrosetten oder Schleifen garniert, die an den Raffpunkten oder an den Oberkanten von Vorhängen und Querbehängen an den Stellen angebracht wurden, wo die Falten entspringen – falls diese nicht zu dicht nebeneinander lagen. Dazu kamen die »choux« (Kohl) genannten, überdimensionalen, gebauschten Stoffrosetten. Diese drei Dekorationseffekte lassen sich noch heute hervorragend verwenden, entweder für eine Ausstat-

OBEN: *Das Porzellanblau der schmalen, plissierten Rüsche, die die Unterkante des Wolkenrollos ziert, stammt aus dem floralen Muster des Rollos.*

RECHTS: *Die verschwenderische Doppelrüsche wirkt ungewöhnlich feminin und dekorativ. Die Wirkung der gekräuselten Rüsche aus einem gemusterten Stoff mit delikaten Band- und Schleifenmotiven wird durch eine zweite uni Rüsche in Rosa verstärkt.*

tung im Regency-Stil oder als besondere Blickpunkte an einer breiten Futteralkante oder einer simplen gekräuselten Oberkante.

Quasten wurden im 18. Jahrhundert gern als Verzierungen von Wolkenrouleaus verwendet; sie kehrten gegen Ende des 19. Jahrhunderts in Verbindung mit tief durchhängenden Kordelgirlanden wieder. Die Viktorianer liebten die besonders ausgefallenen Dekorationseffekte: Sie schmückten zum Beispiel Arrangements aus getrockneten Gräsern oder japanische Fächer gelegentlich mit Kordeln und Quasten.

Heute kann man Quasten als eigenständige Garnierung verwenden; sie sind besonders wirkungsvolle Eckpunkte für traditionelle Draperien; Kordeln mit Quasten, in durchhängenden Bögen angebracht, betonen den opulenten Faltenwurf eines Stoffes. Auch Kordeln allein sind ein dekorativer Akzent, man kann sie an der Oberkante eines Querbehanges entlangführen oder sie in tiefen Bögen durchhängen lassen und in der Mitte knoten.

LINKS: *Vorhänge mit einer schmalen, gekräuselten Futteralkante sind mit Stoffrosetten und Schleifen verziert und in einem auf das Muster abgestimmten blassen Rosa eingefaßt.*

RECHTS OBEN: *Bauschige Stoffrosetten werden mit einigen Stichen zusammengehalten. Sie sind Akzente auf dem gleichmäßig drapierten Querbehang.*

RECHTS UNTEN: *Die in losen Knoten geschlungenen Kordeln mit Quasten bringen einen Hauch von Luxus in das Arrangement.*

OBEN: *Raffhalter aus Stoff kann man rund schneiden, zu einer weichen Schleife binden oder sie mit einer auf das Muster abgestimmten Rüsche oder einer ausgezackten Kante absetzen.*

LINKS OBEN: *Ein in Form geschnittener Raffhalter aus Stoff mit kontrastierender, salbeigrüner Paspelierung und einer dicken Stoffrosette ist ein amüsantes und stilvolles Gestaltungselement.*

LINKS UNTEN: *Die gedrehte Seidenkordel in Apricot und Beige ist auf die schmale Fransenborte abgestimmt und unterstreicht die Eleganz der in sich gestreiften Vorhänge.*

RECHTS OBEN: *Ein vergoldeter Raffhalter verleiht dem weich drapierten Vorhang in zartem Rosa, der mit einer gedrehten Kordel zurückgebunden ist, einen Hauch von Luxus.*

RECHTS UNTEN: *Eine geknotete Kordel mit üppigen Quasten unterstreicht den förmlichen Stil der Fensterdekoration aus geblümtem Chintz.*

Raffhalter

Raffhalter sind viel mehr als praktische Vorrichtungen, mit denen man Vorhänge zur Seite bindet. Ihre Position, ihre Breite und ihre Form bestimmen nicht nur, wieviel Licht in einen Raum fällt, sondern auch die Silhouette und den mehr oder weniger üppigen Fall der zurückgebundenen Seitenschals.

Heute werden die Raffhalter gern zwischen dem unteren und dem zweiten Drittel der Gesamthöhe der Fensterdekoration oder in Höhe des Fensterbrettes angebracht. Die Proportionen, die sich daraus ergeben, passen zu den meisten Ausstattungen; durch Variierung der Höhe lassen sich die verschiedensten Wirkungen erzielen – von den langgezogenen Bögen der straff zurückgebundenen Seitenschals bis zu den tief zurückgebundenen und locker durchhängenden Vorhängen des Regency. Raffhalter variieren in Breite und Form, von breiten Stoffschärpen bis zu schmalen Kordeln mit Knoten und Quasten, je nach dem Stil des Vorhangarrangements.

Raffhalter aus Stoff

Raffhalter aus Stoff können streng und formal oder – wenn sie mit Rüschen besetzt sind – hübsch und gefällig wirken, sie können phantasievolle Formen haben oder schlicht und ohne jeden Zierat sein. Sie können aus dem gleichen Stoff wie die Vorhänge sein oder aus einem in Farbe und Muster kontrastierenden Stoff. Wenn Vorhänge und Querbehang aus verschiedenen Stoffen sind, kann es sehr reizvoll sein, wenn Raffhalter und Querbehang korrespondieren. Auch durch Paspelieren von Kanten kann man einen koordinierenden Effekt erzielen.

Raffkordeln

Kordeln wirken sehr stilvoll und elegant und sind als Raffhalter ebenfalls sehr beliebt. Sie passen am besten zu bodenlangen Vorhängen aus schweren Stoffen. Kordeln mit Quasten waren besonders in der viktorianischen Ära beliebt – Marie-Antoinette hat sie bereits 1792 in Versailles verwendet.

Kordeln gibt es in den verschiedensten Stärken und Farben – die Auswahl reicht von dicken, goldfarbenen Seidenkordeln bis zu dünnen, farblich abgestimmten, geknoteten Kordeln mit Quasten.

Raffhalter aus Metall

Bei Fensterdekorationen im großen Stil und bei sehr formellen Arrangements wirken Raffarme aus Messing, auch *embrasses* genannt, sehr elegant. Sie erinnern an Empire- und Regency-Ausstattungen und passen gut zu Rosetten und Schleifen, die man in beiden Epochen gern verwendete.

In Antiquitätengeschäften lassen sich durchaus noch Stücke aus der Zeit finden, außerdem sind gute Reproduktionen dieser traditionellen Details im Handel. Die beiden Hauptformen sind Raffarme und schwere Metallknäufe. Raffarme sind entweder glatt oder sehr kunstvoll mit Reliefdekor verziert – ein beliebtes Motiv ist das Federemblem des Prinzen von Wales. Beim Metallknauf wird der geraffte Vorhang über den Arm gelegt und hält sich durch sein eigenes Gewicht. Der Metallknauf selbst ist meist mit Ornamenten geschmückt. Die beliebteste Form ist die Rosette.

Ausgefallene Dekorationsideen

Die warme Farbigkeit des geblümten Stoffes und die reiche Drapierung der Fensterdekoration mit den tief durchhängenden Raffbögen und der gold- und silberfarbenen Fransenborte sind typisch für die Atmosphäre viktorianischer Interieurs.

RECHTS: *Die Dekoration der Schlafzimmerfenster, die aus mehreren Schichten von Musselin besteht, beschwört die romantische Stimmung der Regency-Epoche herauf. Vorhänge und Querbehänge wirken leicht und duftig.*

VORHERGEHENDE DOPPELSEITE: *Die üppigen, tief durchhängenden Bögen des Querbehangs werden durch eine breite Fransenborte betont. Ein extravaganter, kühner Einfall.*

Ein gewisses Maß an Phantasie braucht man für jede gelungene Fensterdekoration. Man kann aber auch – und das gilt für alle Aspekte der Innenausstattung – einen Schritt weitergehen, sich ins Reich der reinen Phantasie begeben und die ausgefallensten Kreationen erfinden.

In diesem Kapitel wollen wir Ihnen Ideen und Anregungen geben und Ihnen zeigen, wie Sie die extravagantesten Einfälle früherer Epochen neu erschaffen oder umgestalten können. Wie wäre es zum Beispiel mit einer Dekoration aus der Zeit Napoleons, mit einem asymmetrischen Querbehang an einer vergoldeten Gardinenstange? Mit einem orientalisch inspirierten, kapriziösen Regency-Traum von königlicher Schrulligkeit? Oder mit einer romantischen Kreation – einer üppig drapierten Rosenlaube aus Chintz mit rieselnden Spitzenkaskaden? Sie können Ihre Ideen aus ganz verschiedenen Quellen beziehen und sie zu einem effektvollen Entwurf von dramatischer Spannung kombinieren.

Wie wäre es, wenn Sie Ihrer Phantasie durch einen Besuch in alten englischen Landhäusern auf die Sprünge helfen und sich von den Fensterdekorationen früherer Jahrhunderte zu neuen Einfällen anregen ließen? Auch Museen und Kunstgalerien sind reiche Informationsquellen; auf den Gemälden kann man die stilechten Interieurs früherer Epochen eingehend studieren. Ganz gleich, ob Sie den pastoral-romantischen Geschmack des Rokoko oder die prunkenden Ausstattungen des Barock vorziehen.

Phantasie

Phantasie bedeutet, Grenzen überschreiten, Regeln brechen, das Unerwartete mischen, um das Unvorhersehbare zu gestalten. Es bedeutet aber auch, mutig genug zu sein, den einfachsten Raum mit der überschwenglichsten Dekoration auszustatten.

Die Fenster eines viktorianischen Reihenhauses kann man zum Beispiel mit schweren, fülligen Vorhängen und drapierten Querbehängen mit Fransenbesatz dekorieren und auf diese Weise ein opulentes, theatralisches Interieur wiedererstehen lassen, das dem viktorianischen Geschmack sehr nahe kommt. Die gleiche Fensterdekoration läßt sich aber auch für einen moderneren Raum verwenden. Natürlich spielt die Wahl der Muster dabei eine wichtige Rolle, denn sie sind maßgebend für die Gesamtwirkung eines Interieurs. Nimmt man statt der schweren Stoffe zarte Blumenmuster, gestaltet die Dekoration aber genauso verschwenderisch, bekommt das Theatralische eine feminine Note.

Phantasie setzt man ein, um das Auge zu blenden und zu stimulieren. Meister dieser Kunst waren der französische Herrscher Ludwig XIV. und der englische Prinzregent. Beide neigten zu Extremem und ließen bei ihren opulenten Innenausstattungen ihren Launen und Einfällen freien Lauf.

Die phantastischen »gotischen« Interieurs der viktorianischen Epoche entstanden durch die Kombination ganz offensichtlich nicht zusammengehöriger Elemente. Für die orientalisch anmutenden Querbehänge verwendete man zeitgenössische Druckmuster und kombinierte sie mit Samtvorhängen und Spitze. Durch solche Widersprüche kamen dramatische Spannungen zustande. Die Vorhänge wurden obendrein noch reichlich mit luxuriösem Zubehör verziert, was allein schon phantastisch genug wirkte. Mit einer kunstvollen Mischung von Rüschen, Fransenborten, Rosetten, Bändern und Stoffkaskaden läßt sich jede Fensterdekoration weit über das Gewöhnliche hinausheben.

Eine ähnliche Wirkung ergibt sich, wenn man nebeneinanderliegende Fenster mit einer extravaganten »fortlaufenden« Draperie verkleidet. Das heißt, der Quer-

behang wird über die ganze Fensterreihe gezogen und bedeckt auch die Wand zwischen den Fenstern. Diese weitgespannte Draperie wirkt äußerst luxuriös – allein schon durch die vorhandene Stoffülle. Die Gesamtwirkung wird häufig durch zusätzliche dekorative Details wie Quasten, Kordeln, Rosetten und lose fallende Stoffenden gesteigert. Man kann dieses Dekorationsschema so abwandeln, daß jedes Fenster seinen eigenen, drapierten Querbehang mit einem oder mehreren durchhängenden Raffbögen bekommt.

Wenn man die Dekoration bis ins Extreme steigern will, kann man die Fensterverkleidung um den ganzen Raum herumführen, so daß eine zeltartige Wirkung entsteht. Das Fenster wird dann unweigerlich zum *point de vue,* denn es ist die einzige Öffnung in einem Raum, der völlig mit Stoff ausgekleidet ist. Das »Zelt« entsteht dadurch, daß man die Wände mit einer Stoffdrapierung verkleidet oder sie mit einer Tapete im gleichen Muster wie die Vorhänge tapeziert und den Querbehang am Karnies entlang um den ganzen Raum herumführt. Die Gesamtwirkung hängt von der Gestaltung des Querbehanges ab – üppig drapierte, durchhängende Raffbögen wirken formell; eine Zickzackkante mit Quasten deutet auf eine Interpretation im gotischen Geschmack. Führt man die Stoffdrapierung von den Wänden weiter bis zur Decke und läßt die Fältelung in der Mitte zusammenlaufen, entsteht ein Baldachineffekt.

OBEN: *Dieses Pariser Boudoir ist zeltförmig mit Stoffbahnen ausgekleidet, ein doppeltes Karnies aus phantasievoll gestalteten Stoffschabracken bildet den oberen Abschluß der Wände. Das Vorhang- und Schabrackenarrangement wiederholt sich an den Türöffnungen und über dem Kamin; die schmale Einfassung in leuchtendem Smaragdgrün und die üppigen Quasten unterstreichen das exotische Ambiente.*

RECHTS: *In diesem intimen Refugium wurde die Fensterdekoration über den ganzen Raum ausgedehnt; füllige Stoffbahnen hüllen – wie ein Kokon – Wände und Decke ein.*

RECHTS AUSSEN: *Das komplexe Arrangement von fülligen Raffbögen und Stoffkaskaden – mit Bommelfransen und riesigen Stoffrosetten verziert – wirkt leicht und elegant in dem weich drapierten, cremefarbenen Chintz mit moosgrünem Muster.*

STORY
NER WORLD
Pauline Stevenson
LOST LONDON

Eine gemäßigtere Variante dieser Idee wäre die Wiederholung der Fensterdekoration an Türen, Alkoven, Rundbögen und Kaminvorbauten – also eine scheinbare Spiegelung des gleichen Effekts im ganzen Raum. Die Wirkung hängt vom Material ab: Ein mehrschichtiges Spitzenarrangement wirkt leicht und duftig, ein kostbarer Brokat in satten Farben wirkt opulent und prunkvoll.

Kombinationen

Früher bestanden Fensterverkleidungen häufig aus mehreren Schichten: Die Hauptvorhänge aus schwer fallendem Stoff sorgten bei Nacht für Wärme und private Abgeschiedenheit; die leichteren Untergardinen aus Spitze oder Musselin filterten das Sonnenlicht und schützten bei Tage vor neugierigen Blicken von draußen; die Rollos schließlich sollten zu starke Sonneneinstrahlung verhindern. Durch die Kombination der verschiedenen Dekorationselemente akkumulierten sich gleichzeitig ihre praktischen Vorzüge – und außerdem entstand dramatische Spannung.

Die praktischen Vorteile solcher Kombinationen sind auch heute nicht von der Hand zu weisen. Und was noch wichtiger ist – aus solchen mehrschichtigen Kompositionen entstehen die prächtigsten und elegantesten Fensterdekorationen. Wenn man verschiedene Dekorationselemente miteinander verbindet, hat man außerdem die Möglichkeit, die Wirkung von Kontrasten auszunutzen – Kontraste des Stils, der Texturen, der Muster, der Farben und der Transparenz. Ein weiterer Vorteil liegt darin, daß es häufig genügt, bereits Existierendes zu ergänzen, um ein Fenster völlig zu verändern.

Das Geheimnis besonders gelungener Fensterdekorationen besteht darin, daß man die verschiedenen Elemente auf ungewöhnliche Art und Weise einsetzt. Ein Wolkenrollo kann man zum Beispiel als reine Dekoration verwenden und es als Querbehang über den Vorhängen einsetzen; diese Kombination war im 18. Jahrhundert sehr gebräuchlich und wurde später, in der viktorianischen Ära, wieder aufgegriffen. Ein Wolkenrollo kann man entweder wegen seiner Funktion oder wegen seines Effektes anbringen; es wirkt sehr förmlich, wenn man schwer fallenden Stoff verwendet und es reichlich mit Verzierungen ausstattet; dagegen wirkt es eher feminin, wenn man einen leichten Baumwollstoff mit einem hübschen floralen Muster wählt.

Raffrollos als Querbehänge lassen sich auch mit Faltrollos oder Springrollos kombinieren; wobei die Springrollos bei Tage als Sonnenschutz dienen, während die Raffrollos abends heruntergelassen werden und der Dekoration dienen. Solche Kombinationen waren im 18. und 19. Jahrhundert in Europa sehr beliebt – aber auch in den Kolonien, wo man im allgemeinen weniger aufwendige Fensterdekorationen vorzog. Die Kombination von Raffrollos und Spitzengardinen hat eine ähnliche Wirkung: Die Spitzengardine filtert und dämpft das Tageslicht. Das ist zweifellos die femininste aller Kombinationen und besonders geeignet für ein Schlafzimmer oder ein Morgenzimmer.

Raffrollos lassen sich auch gut mit einem herkömmlichen Querbehang kombinieren. Solche Kombinationen wirken äußerst prunkvoll und eignen sich für Gesellschaftsräume und elegante Eingangshallen. Ein drapierter oder phantasievoll gestalteter Querbehang mit Silber- und Goldfransen verstärkt die Wirkung der durchhängenden Raffbögen des hochgezogenen Rollos und gibt dem Fenster eine ausdrucksvolle Kontur. Die dekorative Wirkung kann noch verstärkt werden, wenn man zusätzlich Seitenschals anbringt oder »falsche« Vorhänge, die mit Kordeln zurückgebunden werden.

»Falsche« Vorhänge sind überhaupt sehr wichtig. Sie sind dekorativ und bringen ein Fenster auch dann zur Geltung, wenn aus praktischen Gründen keine Vorhänge

OBEN: *Die Kombination von weich fließenden Seitenschals und geradlinigen Faltrollos wirkt sehr stilvoll. Die Zusammenstellung der Farben sorgt für eine ruhige, harmonische Atmosphäre.*

LINKS OBEN: *Die karmesinroten Draperien mit den schweren Fransen rahmen den Ausblick auf den Wintergarten wie ein Theatervorhang. Die leichten Spitzengardinen darunter bilden einen wirkungsvollen Kontrast.*

LINKS UNTEN: *Diese Illustration aus einer Pariser Zeitschrift von 1814 zeigt eine zeitgenössische Fensterdekoration. Die Voilegardinen werden von einem Querbehang aus Seide ergänzt, eine breite, grüne Borte dient als Abschlußkante.*

erforderlich sind. Auch Fenster, bei denen zu grelles Sonnenlicht durch Läden ausgeschlossen werden muß, gewinnen durch eine gefällige Dekoration.

Wenn Sie verschiedene Stile kombinieren wollen, erreichen Sie die beste Wirkung durch einen Mustermix. Sie können zum Beispiel einen großblumigen Chintz für die Vorhänge nehmen und einen Baumwollstoff mit kleinformatigen, floralen Motiven für das Rollo. Oder vertikal verlaufende Streifen für die Vorhänge und horizontale Streifen für den Querbehang. Seien Sie kreativ, verwenden Sie neue und ungewöhnliche Kombinationen, die die Blicke auf sich ziehen.

Experimentieren Sie mit Farben, kombinieren Sie einen Vorhang in einem einfarbigen Stoff mit einem Querbehang in einer kontrastierenden Farbe. Ihr Ziel muß sein, das Auge zu reizen und zu erfreuen und die Aufmerksamkeit auf die Fensterdekoration zu lenken. Wählen Sie eine Farbe aus dem Hauptmuster, setzen Sie sie als Kontrast und als einigendes Element ein und führen Sie diese Idee konsequent bis zu den Rüschen und Borten und dem übrigen Zubehör durch.

Auch die Kombination verschiedener Oberflächenstrukturen kann dramatische Spannung erzeugen: Verwenden Sie den groberen Stoff für den Querbehang und das leichtere Material wie Spitze oder Musselin als Untergardine. Das gilt besonders für Länder in warmen Klimazonen, wo voluminöse Draperien fehl am Platz wären, aber Gardinen aus praktischen Gründen erforderlich sind.

Das Fenster von innen und außen gesehen

OBEN: *Das Fenster war schon immer ein Blickpunkt der Innenausstattung – allein schon aus praktischen Gründen und lange bevor das elektrische Licht erfunden wurde. Die kleine viktorianische Gruppe drängt sich am offenen Fenster.*

VORHERGEHENDE DOPPELSEITE: *Der Wintergarten, ein Raum, in dem sich Haus und Garten begegnen, war bei den Viktorianern sehr beliebt – sie hatten eine romantische Vorliebe für die Natur. Auch heute gibt es keinen schöneren Ort, an dem man Sommernachmittage verträumen kann.*

Stoff ist das Kleid des Fensters, er integriert das Fenster in das Gesamtkonzept der Raumdekoration und bietet viele Möglichkeiten, das gestalterische Potential von Farben, Mustern, Texturen und stilistischen Einzelheiten auszuschöpfen. Die Fensterdekoration ist aber nur ein Teil des Ganzen. Die Anordnung der Einrichtungsgegenstände und die Verwendung von Spiegeln, Pflanzen und Blumen sind wichtige Faktoren, die erheblich zur Wirkung des Fensters als Blickpunkt beitragen können.

Von innen betrachtet, wird durch das Fenster die Außenwelt in das Innere des Hauses einbezogen. Von außen gesehen, sind Fenster mitbestimmend für den architektonischen Charakter der Fassade und gestatten dem neugierigen Betrachter nur einen sehr unzureichenden Blick in das Innere des Hauses.

Der Blick von innen nach außen

Die Anordnung der Möbel

Die wichtigsten Blickpunkte eines Interieurs sind seit eh und je das Fenster und der Kamin. Vor der Erfindung des elektrischen Lichtes und der Zentralheizung gab es zwingende praktische Gründe, weshalb man Räume so einrichtete, daß diese beiden Elemente besonders gut zur Geltung kamen.

Die Fenster haben jahrhundertelang das Licht geliefert, das für die täglichen Aktivitäten wie Lesen, Briefe schreiben, Nähen, Musizieren, Kartenspielen und vieles andere benötigt wurde. Im 17. Jahrhundert, als man gelernt hatte, die Fenster relativ groß und transparent zu gestalten, wurden die Möbel so arrangiert, daß die verbesserte Qualität des Lichtes optimal genutzt werden konnte. Die leichten, für das späte Regency charakteristischen Möbel mit ihren eleganten, sich nach unten verjüngenden Beinen waren leicht zu transportieren. Sie wurden tagsüber ganz ungezwungen um die Fenster und abends um den Kamin gruppiert.

Fenster waren mehr als nur die Lieferanten von Licht. Ein typisches Merkmal des Biedermeierstils – einer nordeuropäischen Weiterentwicklung des Empire-Stils im frühen 19. Jahrhundert – war die niedrige Plattform direkt unter dem Fenster. Darauf standen ein Stuhl und ein Schreib- oder Nähtisch – und machten aus dem Podium einen äußerst strategischen Platz, von dem aus man das Leben außerhalb des Hauses diskret beobachten konnte. In anderen Kulturkreisen, wo strengere Sitten herrschten, wurden – und werden noch heute – Fenster ausschließlich für diesen Zweck konzipiert. Die Gitter der muselmanischen Häuser im Mittleren Osten und die südamerikanischen *miradores* oder Straßenfenster erlaubten den Damen des Hauses, ihre Neugier zu befriedigen, ohne ihre private Sphäre zu verlassen.

Heute versetzt uns zwar das elektrische Licht theoretisch in die Lage, die Möbel nach Belieben zu plazieren, und trotzdem ziehen die Fenster nach wie vor unsere Aufmerksamkeit auf sich, denn sie ermöglichen uns, das Tageslicht, die Aussicht und die frische Luft zu genießen. Man kann die Einrichtung eines Raumes so planen, daß das Fenster zum Blickpunkt wird. In einem Raum, in dem sich zwei Fenster an gegenüberliegenden Wänden befinden, kann man die Möbel entlang der Verbindungslinie oder in zwei Gruppen plazieren. Unmittelbar vor jedes Fenster kann man einen Tisch mit Stühlen und Sofas arrangieren, so daß zwei Sitzgruppen entstehen, von denen wahrscheinlich eine einen Kamin mit einbezieht.

Ein eckiger Erker, ein Erkerfenster oder ein Fenster in einem Alkoven können als separate, kleine Räume behandelt werden; sie bieten häufig Platz für ein Sofa, einen Tisch, einen Schreibtisch oder sogar für einen Eßtisch. Alkoven sind meist verglast, daher am Tage ein idealer Platz zum Lesen und am Abend ein sehr romantischer Platz, das Abendessen einzunehmen – man sitzt halb im Haus und halb im Garten.

Der Trick mit Spiegeln

Die Verwendung von Spiegelglas ist seit der Renaissance ein sehr beliebter Trick, die Wirkung von Fenstern zu steigern und das natürliche Licht zu maximieren. Seit Ende des 17. Jahrhunderts spielen Spiegel und Spiegelrahmen in Großbritannien eine immer wichtigere Rolle in der Inneneinrichtung. Der schmale Wandstreifen zwischen zwei hohen georgianischen Fenstern wurde häufig mit einem Spiegel ausgefüllt, und auch in die immer künstlerischer gestalteten architektonischen Strukturen über und neben dem Kamin wurden häufig Spiegel in Glasrahmen eingelassen. An dieser Stelle reflektierten sie das Tageslicht und die Aussicht und sorgten für Symmetrie – ein wichtiges Merkmal des klassizistischen Einrichtungsstils.

Anfangs waren die Spiegelrahmen aus Elfenbein, Silber, Ebenholz, Schildpatt oder intarsiertem Holz. Gegen Ende des 17. Jahrhunderts kamen geschnitzte Holzrahmen in Mode, wobei der Dekor auf die übrige Einrichtung abgestimmt wurde. Im Laufe der Zeit änderte sich der Geschmack, die Rahmen entfielen, und das teure Spiegelglas wurde rationeller genutzt.

Heutzutage verwenden wir Spiegel aus ähnlichen Gründen. Ein Spiegel, der gegenüber von einem Fenster angebracht wird, steigert den Lichteinfall und erweitert optisch den Raum. Ein Spiegel, der den Ausblick auf Bäume, Blumen und Himmel widerspiegelt, vermittelt die Illusion, daß der Raum ein zweites Fenster hat. Rahmen aus der Zeit sind – wenn man sie geschickt auswählt – ein weiterer interessanter Blickpunkt und steigern die Wirkung einer traditionell inspirierten Fensterdekoration.

Zimmerpflanzen und frische Blumen

Fenster sind der natürliche Platz für Pflanzen und Blumen aller Art, nicht nur, weil die Bedingungen für ihr Gedeihen an dieser Stelle optimal sind, sondern auch, weil sie eine Verbindung zur Außenwelt herstellen. Töpfe mit Geranien, Hyazinthen

OBEN LINKS: *Die Verwendung von Spiegelglas ist ein uralter Trick, um den Eindruck von Licht und Raum zu maximieren. Durch einen Spiegel kann man die Eleganz einer Dekoration verdoppeln.*

OBEN: *In orientalischen Kulturen hat man dekorative Fensterverkleidungen erfunden, die den Frauen gestatten, ihre private Sphäre zu bewahren und doch ihre Neugier zu befriedigen. Auf der Darstellung eines Kairoer Harems von J. F. Lewis ist ein durchbrochenes Fenstergitter zu sehen, das das abgeschirmte Interieur angenehm kühl erscheinen läßt.*

RECHTS: *Fingerhut in weichen Pastelltönen erfüllt die in Sonnenlicht getauchte Eingangshalle mit ländlicher Stimmung.*

UNTEN: *Die eingebauten Schränke aus hellem Eichenholz unter den breiten Fenstern sind ein sonniger Standort für die Tontöpfe mit den blühenden Pflanzen. Dieses typische, rustikale Interieur wurde von F. G. Cotman (1850–1930) in dieser hübschen Szene mit dem Titel* One of the Family *festgehalten.*

oder Hortensien tauchten zwar schon in den bezaubernden Fensterarrangements des Biedermeier auf, aber erst in der zweiten Hälfte des 19. Jahrhunderts wurden Pflanzen als Raumdekoration populär.

In viktorianischer Zeit schätzte man Pflanzen, weil sie in den Wohnungen der immer zahlreicher werdenden Stadtbewohner eine ländliche Atmosphäre verbreiteten. Hinzu kam, daß ihre Formen und satten Grüntöne den Interieurs ein exotisches Fluidum verliehen. Paradoxerweise engte das dämmrige Licht vieler spätviktorianischer Interieurs die Auswahl der Pflanzen etwas ein.

Wenn Sie Grünpflanzen und blühende Pflanzen in einen Raum integrieren wollen, sollten Sie prüfen, ob der Raum die klimatischen Voraussetzungen bietet, die die Pflanzen zum Überleben und Gedeihen brauchen. Der Lichteinfall variiert von Fenster zu Fenster. Sonnengeschützte oder hochgelegene Fenster oder Fenster, deren Lichteinfall durch Gardinen stark reduziert wird, schaffen unter Umständen Bedingungen, die für sonnenhungrige Pflanzenarten nicht zuträglich sind. Andererseits können große, lichte Fenster die Sonneneinstrahlung derartig maximieren, daß einige Pflanzenarten dort in Gefahr wären, zu verdorren. Es gibt auch Pflanzen, die

Üppig wuchernde Zitrusgewächse füllen diese Eingangshalle und verwischen die Grenzen zwischen drinnen und draußen. Zitrusbäume gedeihen auch in kühleren Klimazonen, wenn man sie in Kübel pflanzt und sie an einem geschützten Ort überwintern läßt. Ihr glänzendes, dunkelgrünes Laub und ihre duftenden Blüten verwandeln ihre Umgebung in eine Oase.

am besten in der dampfgesättigten Atmosphäre eines Badezimmers gedeihen – doch etwas haben alle Pflanzen gemeinsam: Sie müssen mit Sorgfalt gegossen werden, weil durch Zentralheizung und Klimaanlagen die Luft trocken wird.

Wie alle anderen Elemente der Innenausstattung, wählt man Pflanzen wegen ihrer Form, ihrer Oberflächenstruktur oder ihrer Farbe – dazu kommt noch eine weitere Dimension, nämlich ihr Duft. Aneinandergereihte Geranientöpfe auf dem sonnenbeschienenen Fensterbrett einer Küche sind heitere, dem Ort angemessene Attribute; Gardenien, Orchideen und Cyclamen in ihrer delikaten Schönheit passen besser zu der klassischen Eleganz eines Gesellschaftszimmers; eine Hängeschale, die von saftigen Farnen überquillt, betont die viktorianische Atmosphäre eines Arbeitszimmers. Man kann natürlich auch direkt auf die Dekorationsstoffe Bezug nehmen und die Blumen und Pflanzen auf die floralen Motive der Chintzvorhänge oder auf das Streublümchenmuster eines Baumwollstoffes abstimmen.

Eine interessante und zur Zeit sehr beliebte Alternative sind die süß duftenden, getrockneten Blüten, die es heute in großer Auswahl zu kaufen gibt. In Körben machen sie sich gut in der Küche oder in der Eingangshalle, in Vasen oder Urnen

RECHTS: *Ein Fenster voller Blumen schmückt die Eingangshalle eines Landhauses – die Blüten des Druckmusters auf den einfachen Gardinen haben ihr Pendant in den frischen und getrockneten Sträußen, die die Rosa-, Moos-, Grün- und Blautöne des Stoffmusters wieder aufnehmen.*

UNTEN: *Die Blumen in dem Keramikkrug vor dem offenen Fenster holen die Frische und die nuancenreichen Farbtöne der Natur in den Raum und verströmen einen köstlichen Duft.*

passen sie in einen Empfangsraum und zu Sträußen gebündelt ins Schlafzimmer. Auf Fensterbrettern oder auf dem Fußboden vor dem Fenster wirken sie das ganze Jahr über anheimelnd und hübsch. Doch der größte Luxus sind frische Schnittblumen – aber bitte reichlich! Sie beleben den Raum durch ihre delikaten Formen und ihre subtilen Farbnuancen. Ob Sie eine einfache Schale mit altmodischen Rosen oder eine hohe Vase mit Dahlien in glühenden Sommerfarben und viel Laub in eine Fensternische stellen – achten Sie immer darauf, daß sie das Licht hinter sich haben, ihre Farben und ihre Schönheit kommen dann am besten zur Geltung. Frische Blumen steigern die Wirkung eines Interieurs und verbreiten köstlichen Duft.

Der Blick von außen

Die Fassade

Der Stil und die Anordnung der Fenster sind mitbestimmend für den architektonischen Charakter einer Fassade. Daher sind moderne, nachträglich eingebaute Fenster in einem alten Haus fehl am Platz. Heute ist man in der Lage, alte Fenster zu erhalten, zu restaurieren oder völlig zu erneuern, damit sie mit dem Stil oder der Epoche des Hauses übereinstimmen.

Es gibt Fenster, besonders in älteren Häusern, die mit stilechten Schmuckelementen verziert sind, wie Verdachungen, Gesimse, Pilastern und Fensterläden. Auch Bauornamente lassen sich nachträglich hinzufügen und notfalls durch Bemalung hervorheben, um eine allzu kahle, nüchterne Wand zu beleben. Eine weiße oder helle Bemalung der Ornamente läßt die Fenster größer erscheinen, durch einen schwarzen oder dunkelgrauen Anstrich wirken sie kleiner.

Leider wird bei Fensterdekorationen häufig die Wirkung von außen nicht bedacht. Farbige oder gemusterte Futterstoffe können ein Fenster viel interessanter machen. Man sollte aber darauf achten, daß die Fensterverkleidung nicht mit der Farbe der Außenwand kollidiert: Ein pinkfarbener Futterstoff an einer roten Ziegelwand kann die Wirkung der ganzen Fassade beeinträchtigen.

Ein weiterer Aspekt der Fensterdekoration, der von außen sichtbar ist, ist der Stil von Vorhängen und Rollos. Auch eine opulente oder mit dem Stil des Hauses übereinstimmende Fensterdekoration kann viel für die Fassade tun. Drapierte Querbehänge, Raffrollos und zurückgebundene Vorhänge wirken von außen besonders elegant.

»Window gardening«

Gärten sollten so angelegt werden, daß sie wie eine Erweiterung des Raumes wirken, wenn man durch das Fenster schaut. Das gleiche gilt für das Bepflanzen von Blumenkästen und Pflanzenkübeln auf Balkons und Terrassen und auf das Anlegen von Rabatten vor den Fenstern. »Window gardening« heißt, einen Garten anlegen, den man von innen genauso genießen kann wie draußen. So wichtig der Anblick des Fensters von draußen ist, so wichtig ist der Blick durch das Fenster von innen.

Für die Pflanzen außerhalb des Hauses gilt das gleiche wie für die Pflanzen im Innern des Hauses; der optimale Standort hängt von der Versorgung mit Sonne und Licht ab. Die Bodenbeschaffenheit des Gartens läßt sich verbessern, die Erde in den Pflanzenkübeln kann man gezielt auf die Pflanzen abstimmen – aber die Lage des Hauses läßt sich nicht verändern. Wichtig ist, die richtige Pflanze für den gegebenen Standort zu finden. Pflanzen können Fenster auf sehr verschiedene Art und Weise zur Geltung bringen und rahmen. Auch der Stil der Pflanzenbehälter ist wichtig: Man kann wählen zwischen Terracotta-Urnen, bemalten oder gebeizten Holzkästen oder -kübeln.

Der Anblick eines Hauses von außen sollte genauso sorgfältig geplant werden wie die Innenausstattung. Das geometrische Muster der Buchsbaumhecke stimmt vollkommen mit der dezenten, eleganten georgianischen Fassade und der zurückhaltenden Fensterdekoration überein.

LINKE SEITE: *Die gewundenen Ranken einer grünen Kletterpflanze rahmen das bleiverglaste Fenster, und der Blumenkasten, der von der Blütenfülle der Lobelien, Begonien und Glockenblumen in Blau, Koralle und Weiß überquillt, vollendet die dekorative Rahmung.*

LINKS: *Die schweren Blütendolden der Glyzinie rieseln in dichten Kaskaden von der Terrasse einer französischen Villa. Die geschützte, sonnenbeschienene Wand ist der passende Hintergrund für diese äußerst dekorative Kletterpflanze.*

Eine elegante, stilvolle Fassade verlangt nach einer symmetrisch geordneten Bepflanzung und erfordert Pflanzen, die sich in Form schneiden lassen oder deren Wuchs man beeinflussen kann. Mit Sträuchern oder Bäumen lassen sich die besten Wirkungen erzielen.

Lorbeerbäume, Buchsbaum und Eiben lassen sich zu klassischen Formen schneiden; Pyramiden und kugelförmige Bäumchen machen sich gut als Endpunkte einer Terrasse; Obstbäume lassen sich auf Spalieren ziehen. Niedriger Buchsbaum in geometrischen Rabatten rahmt die blühenden Pflanzen.

Blumenkästen sollte man wie langgestreckte Blumenbeete behandeln und die Pflanzen in Gruppen arrangieren, statt sie in einer Reihe nebeneinanderzusetzen. Pflanzenkübel können je nach Saison bepflanzt werden: Im Frühjahr kann man Schneeglöckchen-, Krokus-, Narzissen- und Tulpenzwiebeln setzen und im Sommer Stiefmütterchen, Petunien, Lobelien oder Bartnelken.

Auch höhere Pflanzen wie der Wiesenfrauenmantel, Levkojen und einfache Feldblumen wie Mohnblumen oder malvenfarbene Skabiosen sehen sehr hübsch in Blumenkästen aus.

Bei einem unkonventionellen Garten kommt es weniger auf Form und Symmetrie an, hier liegt die Betonung auf der Farbe, dem vielfältigen Beieinander und dem Überraschungsmoment. Mit rankenden Kletterpflanzen, die die Fenster einrahmen, verbindet man die Vorstellung von üppig wuchernden Gärten, die sich ungehindert ausbreiten dürfen. In Hängeschalen lassen sich Fuchsien, Lobelien, Pelargonien oder Kresse pflanzen; Glyzinien, Clematis, Kletterrosen oder Prunkwinden ranken sich an Spalieren hoch; Fässer und Tröge mit Bauernblumen oder Feldblumen kann man in einem Patio oder auf einer Terrasse gruppieren.

Die Krönung einer schönen Aussicht ist ein Baum vor dem Fenster. Langsam wachsende Laubbäume wie der blühende Holzapfel und der Maulbeerbaum haben einen schönen Wuchs; Laub, Blüten und Früchte sind ausdrucksvoll und schön gefärbt. Sie eignen sich daher besonders zur Anpflanzung vor Fenstern, die sehr dicht an der Straße liegen; sie schützen vor Blicken von draußen und bieten, vom Innern des Hauses gesehen, das ganze Jahr über einen schönen Anblick.

OBEN: *Die bunten Stiefmütterchen sind lustige Farbtupfer vor der verwitterten Wand und dem von Wind und Wetter ausgebleichten Fensterrahmen eines uralten Bauernhauses.*

Laura-Ashley-Shops

AUSTRALIEN

The Gallerie
Gawler Place
ADELAIDE
South Australia 5000

1036 High Street
ARMADALE
Victoria
Australia 3134

Shop 84
Wintergarden
171 Queen Street
BRISBANE
Queensland
Australia 4000

Ship 58
The Gallery
Lemon Grove
Victoria Avenue
CHATSWOOD
N.S.W.
Australia 2067

3 Transvaal Avenue
DOUBLE BAY
N.S.W.
Australia 2028

Shop 49
Market Square
Moorabool Street
GEELONG
Victoria
Australia 3220

Centrepoint
209 Murray Street
HOBART
Tasmania 7000

179 Collins Street
MELBOURNE
Victoria
Australia 3000

City Arcade
Hay Street Level
PERTH
Western Australia 6000

114 Castlereagh Street
SYDNEY
Australia

Mezzanine Level –
Centrepoint
Castlereagh Street
SYDNEY
Australia

BELGIEN

Frankrijklei 27
2000 ANTWERPEN

Le Grand Sablon 31
1000 BRÜSSEL
(Decorator Showroom)

BUNDESREPUBLIK DEUTSCHLAND

Holzgraben 1–3
5100 AACHEN

Karlsstraße 15
8900 AUGSBURG

Im KaDeWe
Tauentzienstraße 21–24
1000 BERLIN 30

Niedernstraße 14
4800 BIELEFELD

Sögestraße 54
2800 BREMEN 4

Hunsrückstraße 43
4000 DÜSSELDORF

Goethestraße 3
6000 FRANKFURT 1

Neuer Wall 73–75
2000 HAMBURG

Georgestraße 36
3000 HANNOVER

Kaiserstraße 187
7500 KARLSRUHE

Hohestraße 160–168
5000 KÖLN

Ludgeriestraße 79
4400 MÜNSTER

Sendlinger Straße 37
8000 MÜNCHEN

Ludwigsplatz 7
3500 NÜRNBERG

Breite Straße 2
7000 STUTTGART 1

Langgasse
6200 WIESBADEN

FRANKREICH

4 Rue Joseph Cabassol
13100 AIX EN PROVENCE

2 Place du Palais
Porte Cailhau
33000 BORDEAUX

Centre Commercial
»Grand Var«
Avenue de l'Université
83160 LA VALETTE
(Au Printemps)

Niveau 1
Centre Commercial Parly 2
Avenue Charles de Gaulle
78150 LE CHESNAY
(Au Printemps)

Rez de Chaussée
39–45 Rue Nationale
59800 LILLE
(Au Printemps)

98 Rue Président Edouard
Herriot
69002 LYON

2ième Etage
6 Avenue Jean Medicin
0600 NICE

1er Etage
40 Bld Haussmann
75009 PARIS
(Galeries Lafayette)
Clothes only

5ième Etage
40 Bld Haussmann
75009 PARIS
(Galeries Lafayette)
Home Furnishings

Le Printemps de la Mason
7ième Etage
64 Bld Haussmann
75009 PARIS

95 Avenue Raymond
Poincaré
75016 PARIS

94 Rue de Rennes
75006 PARIS

261 Rue Saint Honoré
75001 PARIS

34 Rue de Grenelle
75007 PARIS

5ième Etage
1–5 Rue de la Haute Montée
67004 STRASBOURG CEDEX

2 Rue du Temple Neuf
67000 STRASBOURG

50 Rue Boulbonne
31000 TOULOUSE

Niveau 3
Avenue de l'Europe
Centre Commercial Velizy II
78140 VELIZY
VILLACOUBLAY
(Au Printemps)

GROSSBRITANNIEN

191–197 Union Street
ABERDEEN

10 Hale Leys
AYLESBURY

The Bear Inn
Market Place
BANBURY

Winchester Road
BASINGSTOKE
(Sainsbury's Homebase)

The Old Red House
8–9 New Bond Street
BATH

Pines Way
BATH
(Sainsbury's Homebase)

75 High Street
BEDFORD

14–16 Priory
Queensway
BIRMINGHAM

147 New Street
BIRMINGHAM
Clothes only

80 Old Christchurch Road
BOURNEMOUTH

762 Harrogate Road
BRADFORD
(Sainsbury's Homebase)

Ashley Road
Parkstone
BRANKSOME
Poole
(Sainsbury's Homebase)

45 East Street,
BRIGHTON

62 Queens Road
Clifton
BRISTOL

39 Broadmead
BRISTOL

1 The Lexicon Cornhill
BURY ST EDMUNDS

14 Trinity Street
CAMBRIDGE

41–42 Burgate
CANTERBURY

5 High Street
CARDIFF

Colchester Avenue
off Newport Road
Roath
CARDIFF
(Sainsbury's Homebase)

3–4 Grapes Lane
CARLISLE

10–13 Grays Brewery Yard
Springfield Road
CHELMSFORD

100 The Promenade
CHELTENHAM

17–19 Watergate Row
CHESTER

32 North Street
CHICHESTER

1 Trinity Square
CHICHESTER

St Andrews Avenue
COLCHESTER
(Sainsbury's Homebase)

Junction Fletchampstead
Highway & Sir Henry
Parks Road
COVENTRY
(Sainsbury's Homebase)

Stadium Way
CRAYFORD
(Sainsbury's Homebase)

8 Albert Street
DERBY

129–131 Terminus Road
EASTBOURNE

137 George Street
EDINBURGH

126 Princes Street
EDINBURGH

41–42 High Street
EXETER

The Barn
Lion & Lamb Yard
FARNHAM

Metro Centre
GATESHEAD

84–90 Buchanan Street
GLASGOW

215 Sauchiehall Street
GLASGOW

St Oswalds Road
GLOUCESTER
(Sainsbury's Homebase)

Old Cloth Hall
North Street
GUILDFORD

3–5 James Street
HARROGATE

3–4 Middle Street
HORSHAM

Priory Sidings
Sainsbury Way
Hesle Road
Hessle
HULL
(Sainsbury's Homebase)

Felixstowe Road
IPSWICH
(Sainsbury's Homebase)

17 Buttermarket
IPSWICH

108 The Parade
LEAMINGTON SPA

Church Institute
9 Lands Lane
LEEDS

King Lane
Moortown
LEEDS
(Sainsbury's Homebase)

6 Eastgate
LEICESTER
(Sainsbury's Homebase)

19–23 Cavern Walks
Matthew Street
LIVERPOOL

30 Great Oak Street
LLANIDLOES

London:

256–258 Regent Street
Oxford Circus
LONDON W1

35–36 Bow Street
London wc2

7–9 Harriet Street
London sw1

71–73 Lower Sloane Street
London sw1
(Decorator Showroom)

157 Fulham Road
London sw3

D6/V13 Brent Cross
Shopping Centre
Brent Cross
London nw4

90–92 High Street
Bromley

10 Beckenham Hills Road
Catford
London se6
(Sainsbury's Homebase)

11 Drummond Place
Croydon

66A Purley Way
Croydon
(Sainsbury's Homebase)

Unit 17
Waterglade Centre
Ealing
London w5

36–37 High Street
Hampstead
London nw3

Rookery Way
The Hyde
Hendon
London nw9
(Sainsbury's Homebase)

714–720 High Road
Seven Kings
Ilford
(Sainsbury's Homebase)

Macmillan House
The Old Town Hall
Kensington
London w8

32–33 Market Place
Kingston-Upon-Thames

229–253 Kingston Road
New Malden
(Sainsbury's Homebase)

3 Station road
New Southgate
London w8
(Sainsbury's Homebase)

45 Oakfield Road
off Penge High Street
Penge
London se20
(Sainsbury's Homebase)

68 George Street
Richmond

3–4 Times Square
Sutton

2c Fulborne Road
Walthamstow
London e17
(Sainsbury's Homebase)

473 High Street
Willesden
London nw10
(Sainsbury's Homebase)

8–10 King Street
Maidstone

28 King Street
Manchester

48 Linthorpe Road
Middlesbrough

40–42 Midsummer Arcade
Milton Keynes

45 High Street
Newcastle-Under-Lyme

8 Nelson Street
Newcastle-Upon-Tyne

Victoria Promenade
Northampton
(Sainsbury's Homebase)

19 London Street
Norwich

58 Bridlesmith Gate
Nottingham

Castle Marina Park
Castle Boulevard
Nottingham
(Sainsbury's Homebase)

50 Halesowen Street
Oldbury
(Sainsbury's Homebase)

26–27 Cornmarket
Oxford

26–27 Little Clarendon Street
Oxford

189–191 High Street
Perth

Unit 90
Queensgate Centre
Peterborough

The Armada Centre
Plymouth

Claydon's Lane
Rayleigh Weir
(Sainsbury's Homebase)

75–76 Broad Street
Reading

50 Kenavon Drive
Reading
(Sainsbury's Homebase)

13 Market Place
St Albans

49–51 New Canal
Salisbury

87 Pinstone Street
Sheffield

65 Wyle Cop
Shrewsbury

2 Above Bar Church
High Street
Southampton

Lordshill Shopping Centre
Southampton
(Sainsbury's Homebase)

107 High Street
Southend

465–467 Lord Street
Southport

41–42 Henley Street
Stratford-Upon-Avon

Unit 4, 164 The Parade
Grace Church Centre
Sutton Coldfield

Quay Parade
Swansea
(Sainsbury's Homebase)

19E Regent Street
Swindon

2–4 High Street
Taunton

19–21 High Street
Tenterden

61 Calverley Road
Tunbridge Wells

Ing's Road
Wakefield
(Sainsbury's Homebase)

Junction Bradford &
Midland Road
Walsall
(Sainsbury's Homebase)

Sturlas Way
Waltham Cross
(Sainsbury's Homebase)

50 Halesowen Street
Warley
West Midlands

Unit 3
1–7 The Parade
High Street
Watford

114 St Albans Road
Watford
(Sainsbury's Homebase)

17 Grove Street
Wilmslow

10 The Square
Winchester

32 Peascod Street
Windsor

Crown Passage
Broad Street
Worcester

Hylton Road
Worchester
(Sainsbury's Homebase)

Unit 28
Vicarage Walk
Quedam Centre
Yeovil

7 Daveygate
York

Junction Monkgate/Foss Bank
York
(Sainsbury's Homebase)

IRLAND

60–61 Grafton Street
Dublin

ITALIEN

4 Via Brera
20121 Mailand

JAPAN

8–22 Hondori
Naka-Ku
Hiroshima-Shi

2–4–14 Honcho
Kichijoji
Musashino-Shi

1–26–19 Jiugaoka
Meguro-Ku
Tokio

KANADA

Sherway Gardens
Etobicoke
Ontario
m9c 1b2

2110 Crescent Street
Montreal
Quebec
h3g 2b8

136 Bank Street
Ottawa
Ontario
k1p 5n8

2452 Wilfred Laurier Bld
Ste-Foy
Quebec
g1v 2l1

18 Hazelton Avenue
Toronto
Ontario
m5r 2e2

1171 Robson Street
Vancouver
British Columbia
v6e 1b5

Bayview Village Shopping
Center
2901 Bayview Avenue
Willowdale
Ontario
m2k 1e6

Mail order:
Laura Ashley
5165 Sherbrook Street W.
Suite 124
Montreal
Quebec
h4a 1t6

NIEDERLANDE

Leidestraat 7
1017 ns Amsterdam

Bakkerstraat 17
6811 eg Arnheim

Demer 24A
5611 as Eindhoven

Papestraat 17
2513 av s-Gravenhage

M. Brugstraat 8
6211 gk Maastricht

Lijnbaan 63
3012 el Rotterdam

Oude Gracht 141
3511 aj Utrecht

ÖSTERREICH

Judengasse 11
Salzburg

Weinburgasse 5
1010 Vienna

SCHWEIZ

Stadhausgasse 18
4051 Basel

8 Rue Verdaine
1204 Genf

Augustinergasse 21
8001 Zürich

Augustinergasse 42–44
8001 Zürich

VEREINIGTE STAATEN

Crossgates Mall
120 Washington Avenue
Extension
Albany, ny 12203

139 Main Street
Annapolis, md 21401

514 East Washington Street
Ann Arbor, mi 48104

29 Surburban Square
Ardmore, pa 19003

Lenox Square
3393 Peachtree Road
Atlanta, ga 30326

Perimeter Mall
4400 Ashford-Dunwoody
Road
Atlanta, ga 30346

Highland Mall 1224
6001 Airport Boulevard
Austin, tx 78752

Pratt Street Pavilion
Harborplace
Baltimore, md 21202

203 Beachwood Place
26300 Cedar Road
Beachwood, oh 44122

200–219 Riverchase
Galleria Mall
Birmingham, al 35244

180 Town Center Mall
Boca Raton, FL 33431

83 Newbury Street
Boston, MA 02116

23 Church Street
Burlington, VT 05401

Charles Square
5 Bennett Street
Cambridge, MA 02138

Carmel Plaza
Carmel-by-the-sea,
CA 93921

Charleston Place
130 Market Street
Charleston, SC 29401

The Mall at Chesnut Hill
199 Boylston Street
Chesnut Hill, MA 02167

Watertower Place
835 N. Michigan Avenue
Chicago, IL 60611

The Citadel
750 Citadel Drive E. 2008
Colorado Springs, CO 80909

1636 Redwood Highway
Corte Madera, CA 94925

3333 Bristol Street
South Coast Plaza
Costa Mesa, CA 92629

Galleria 13350 Dallas Parkway
Suite 1585
Dallas, TX 75240

423 North Park Center
Dallas, TX 75225

Danbury Fair Mall C-118
7 Backus Avenue
Danbury, CT 06810

1439 Larimer Street
Denver, CO 80202

The Kaleidoscope at the Hub
555 Walnut Street
Suite 218
Des Moines, IA 50309

Twelve Oaks, Mall
27498 Novi Road
Suite A
Detroit, MI 48056

Galleria Shopping center
3505 West 69th Street
Edina, MN 55435

11822 Fair Oaks Mall
Fairfax, VA 22033

West Farms Mall
Farmington, CT 06032

2492 E. Sunrise Boulevard
Galleria Mall
Fort Lauderdale, FL 33304

213 Hulen Mall
Fort Worth, TX 76132

58 Main Street
Freeport, ME 04032

Saddle Creek Shopping Center
7615 W. Farmington
Boulevard
Germanton, TN 38138

Glendale Galleria
Glendale, CA 91210

Woodland Mall
3175 28th Street S.E.
Grand Rapids, MI 49508

321 Greenwich Avenue
Greenwich, CT 06830

Riverside Square Mall
Hackensack, NJ 07601

Ala Moana Center 2246
Honolulu, HI 96814

The Galleria
5015 Westheimer
Suite 2120
Houston, TX 77056

1000 West Oaks Mall
Suite 124
Houston, TX 77082

Fashion Mall
8702 Keystone Crossing
Indianapolis, IN 46240

The Jacksonville Landing
2 Independent Drive
Jacksonville, FL 32202

Country Club Plaza
308 W. 47th Street
Kansas City, MO 64112

The Esplanade
1401 W. Esplanade
Kenner, LA 70065

White Flint Shopping Mall
11301 Rockville Pike
Kensington, MD 20895

7852 Girard Avenue
La Jolla, CA 92037

Pavilion in the Park
8201 Cantrell Road
Little Rock, AR 72207

10250 Santa Monica
Boulevard
Los Angeles, CA 90067

Beverly Center
121 N. La Cienaga Boulevard
Suite 739
Los Angeles, CA 90048

Louisville Galleria 109
Louisville, KY 40202

2042 Northern Boulevard
Americana Shopping Center
Manhasset, NY 11030

Tysons Corner Center
1961 Chain Bridge Road
McLean, VA 22102

The Falls
Space 373
8888 Howard Drive
Miami, FL 33176

The Grand Avenue
275 W. Wisconsin Avenue 5
Milwaukee, WI 53203

208 City Center
40 South 7th Street
Minneapolis, MN 55402

Ridgedale Center
12401 Wayzota Boulevard
Minnetonka, MN 55343

The Mall at Green Hills
2148 Abbot Martin Road
Nashville, TN 37215

260–262 College Street
New Haven, CT 06510

333 Canal Street
151 Canal Place
New Orleans, LA 70130

714 Madison Avenue
New York, NY 10021
(Decorator Showroom)

398 Columbus Avenue
New York, NY 10024

4 Fulton Street
New York, NY 10038

21 East 57th Street
New York, NY 10021

2164 Northbrook Court
Northbrook, IL 60062

224 Oakbrook Center
Oakbrook, IL 60521

Owings Mills Town Center
10300 Mill Run Circle 1062
Owings Mills, MD 21117

320 Worth Avenue
Palm Beach, FL 33480

469 Desert Fashion Plaza
123 North Palm Canyon Drive
Palm Springs, CA 92262

12 Stanford Shopping Center
Palo Alto, CA 94304

221 Paramus Park
Route 17
Paramus, NJ 07652

401 South Lake Avenue
Pasadena, CA 91101

1721 Walnut Street
Philadelphia, PA 19103

Biltmore Fashion Park
2478 E. Camelback Road
Phoenix, AZ 85016

20 Commerce Court
Station Square
Pittsburgh, PA 15219

1000 Ross Park Mall
Pittsburgh, PA 15237

2100 Collin Creek Mall
811 No. Central Expressway
Plano, TX 75075

419 S.W. Morrison Street
Portland, OR 97204

46 Nassau Street
Palmer Square
Princeton, NJ 08544

2 Davol Square Mall
Point & Eddy Street
Providence, RI 02903

Crabtree Valley Mall
4325 Glenwood Avenue
Raleigh, NC 27612

South Bay Galleria
1815 Hawthorne Boulevard
Space 172
Redondo Beach, CA 90278

Commercial Block
1217 E. Cary Street
Richmond, VA 23219

Regency Square Mall
1404 Parham Road
Richmond, VA 23229

Northpark Mall
1200 East Country Line Road
Ridgeland, MI 39157

531 Pavilions Lane
Sacramento, CA 95825

74 Plaza Frontenac
St Louis, MO 63131

St Louis Center C-330
515 N. 6th Street
St Louis, MO 63101

Trolley Square
Salt Lake City, UT 84102

247 Horton Plaza
Space 265
San Diego, CA 92101

University Town Center
San Diego, CA 92122

1827 Union Street
San Francisco, CA 94123

563 Sutter Street
San Francisco, CA 94102
(Decorator Showroom)

Suite 1224
North Star Mall
7400 San Pedro
San Antonio, TX 78216

Le Cumba Galleria
3891 State Street 109
Santa Barbara, CA 93105

Valley Fair Mall
Suite 1031
2855 Stevens Creek Boulevard
Santa Clara, CA 95050

696 White Plains Road
Scarsdale, NY 10583

F-331 Woodfield Mall
Schaumburg, IL 60173

405 University Street
Seattle, DC 98101

The Mall at Short Hills
Short Hills, NJ 07078

20 Old Orchard Shopping
Center
Skokie, IL 60077

Stamford Town Center
100 Greyrock Place
Stamford, CT 06902

139 Main Street
Stony Brook, NY 11790

Old Hyde Park Village
718 S. Village Circle
Tampa, FL 33606

2845 Somerset Mall
Troy, MI 48084

Utica Square
1846 21 Street
Tulsa, OK 74114

1171 Broadway Plaza
Walnut Creek, IA 94596

3213 M. Street NW
Georgetown
Washington, DC 20007

85 Main Street
Westport, CT 06880

Bullocks Westwood Shops
10861 Weyburn Avenue
Westwood, CA 90025

422 Duke of Gloucester Street
Williamsburg, VA 23185

290 Park Avenue North
Winter Park
Florida 32789

740 Hanes Mall
Winston-Salem, NC 27103

279 Promenade Mall
Woodland Hills, CA 91367

108 Worthington Square Mall
Worthington, OH 43085

Mail order:
Laura Ashley Inc.
1300 MacArthur Boulevard
Mahwah, NJ 07430

Händler

18 Ioannou Metaxa Street
Glyfada
Athens
Greece

28 Herodotou Street
10673 Kolonaki
Athens
Greece

Engen 51
5000 Bergen
Norway

P.O. Box 7910
Sheikh Rashid Building
Zabeel Road
Dubai
United Arab Emirates

29 Wyndham Street
Central
Hongkong

Riddervoldsgate 10B
Oslo 2
Norway

De Gruchys
King Street
St Helier
Jersey

36 Le Bordage
St Peter Port
Guernsey

300–301 Eachon-Dong
Yongssan-Kij
Seoul
South Korea

Yliopistonkatu 33
SF-20100 Turku 10
Finnland